nichts ist alltäglich

nichts ist

Kolumnen von Andrea Paluch

alltäglich

Ellert & Richter Verlag

Inhalt

Wir kennen uns doch

Stellen Sie sich vor, jede Woche erhalten Sie einen Brief. Nein, nicht per E-Mail, sondern vom Postboten persönlich ins Haus gebracht. Das Schreiben wurde nicht in den Computer getippt und ausgedruckt. Der Brief ist handgeschrieben, schafft Vertrautheit und Nähe. Und das Woche für Woche, seit drei Jahren.

Mit ihrer wöchentlichen Kolumne gelang Andrea Paluch in der Wochenend-Beilage der größten Zeitungsgruppe des nördlichsten Bundeslandes ein einmaliger Spagat. Sie schrieb für ein großes Publikum, und doch fühlten sich viele Leserinnen und Leser ganz persönlich angesprochen und berührt. „Es ist bei Paluch so, als ob sie zu unserer Familie gehörte und jeden Sonnabend auf einen Kaffee vorbeischaut und das Neueste berichtet", begründete eine Leserin ihre Vorliebe für diese Kolumne. Obwohl sie der Autorin noch nie begegnet war, hatte sich eine seltene Verbundenheit eingestellt. Vielen Lesern erging es ähnlich. „Wir erkennen uns in diesen Texten wieder", hieß es oft.

Diese Vertrautheit hat indes nichts mit plumper Annäherung zu tun. Im Gegenteil. Andrea Paluch beobachtet in ihren Kolumnen hintergründig, nachdenklich, originell und manchmal auch mit einer gewissen Ironie den Alltag. Dabei bringt sie immer wieder ihre Familie – „meine fünf Männer" – ins Spiel. Doch trotz dieses privaten Einblicks bleibt eine wohltuende Distanz. Das ist kein Widerspruch, sondern die Kunst der Autorin im Umgang mit der Sprache. Sie nimmt die Leser mit, baut Brücken, eröffnet Perspektiven, die über Paluchs Beobachtungen, Alltagserfahrungen und Gedanken hinausgehen.

Das Lesen ihrer Kolumnen macht schon deshalb Spaß, weil sie einfallsreich mit vielen Bildern und überraschenden Vergleichen arbeitet. Nein, hier werden keine journalistischen Alltagsgeschichten geboten, sondern hier ist die Schriftstellerin Andrea Paluch am Werk. Manchmal lesen sich ihre Geschichten wie kleine Tagebucheinträge, ein anderes Mal wie Essays. Dann gibt es die Glossen, ab und an sogar den Kommentar, schließlich ein Stück Gesellschaftskritik. Doch immer sind die Kolumnen authentisch, spüren die Leser die Handschrift der Autorin.

Wer sich auf Paluch einlässt, wird den Faden für sich fortspinnen. Anknüpfungspunkte gibt es in ihren Texten genug. Ihre wöchentlichen, feinsinnigen, unverwechselbaren Geschichten erweitern den Horizont, zumal sie immer wieder auch mit den Gedanken anderer Schriftsteller und Philosophen vertraut machen.

Zugleich bricht die Autorin eine Lanze für die Gleichberechtigung von Mann und Frau. Und sie beschreibt etwas, was in der veröffentlichten Meinung kaum noch einen Platz hat. Bei Andrea Paluch gibt es noch ein „ganz normales" Familienleben. Keine heile Welt, aber auch kein heilloses Durcheinander. Wenn sie den Lesern Einblick gewährt in ihren Alltag, dann fühlt man sich irgendwie „zu Hause".

Wen wundert es, dass viele Leserinnen und Leser jeden Sonnabend als Erstes zur Wochenendbeilage griffen und lesen wollten, was „die Paluch" heute so schreibt? Als die Autorin mit ihrer ersten Kolumne startete, war es Oktober. Der Sommer war vorbei, sie war mit dem Auto auf dem Weg nach Hause unterwegs und merkte plötzlich, dass es früh dunkel wurde. „Das Besondere trägt selten dazu bei, eine Veränderung zu begreifen. Erst, wenn sich die Normalität verändert, begreift man den Wechsel", schrieb sie. Sätze, die über allen ihren Beiträgen stehen könnten. Sie erzählen von einem Alltag, in dem nichts „alltäglich" ist.

Wer hätte damals, zu Beginn der Kolumne, gedacht, dass sich um sie herum eine richtige Fangemeinde bilden würde. Die kann sich jetzt über die gesammelten Werke in Buchform freuen.

Stephan Richter
Chefredakteur der Zeitungen
des Schleswig-Holsteinischen Zeitungsverlages

Marx und die Hedgefonds

Okay, die Finanzkrise. Ich werde sie in dieser Kolumne auch nicht lösen können. Und schon gar nicht heilen oder Konten absichern. Aber von einem Gespräch kann ich berichten.

Es wurde am Abend geführt, Wein stand auf dem Tisch, Kerzen brannten, und es begann damit, dass mein Gegenüber irgendeine Statistik gelesen hatte, dass Mann und Frau, sobald sie Eltern sind, nur noch zehn Minuten am Tag miteinander reden. „Guten Morgen, Schatz" und „Gute Nacht!" sind darin eingeschlossen.

Also redeten wir über die Bankenkrise, um die Statistik zu widerlegen.

„Wie fängt es an? Menschen und Banken leihen sich Geld."

„Das sollte man immer tun. Geben ist seliger denn Nehmen. Es ist eine Tugend."

„Sie nehmen dafür Zinsen."

„Das ist keine Tugend mehr, menschlich ist es wohl doch."

„Im Mittelalter waren Zinsen verboten. Das war Wucher."

„Aber normalerweise haben wachsende Zinsen ja auch einen wachsenden Gegenwert. Stecke ich das Geld in eine Autofabrik und baue dann Autos, habe ich das Geld gewinnbringend angelegt."

„Aber wenn man im letzten Sommer alle Werte auf der ganzen Welt zusammengerechnet hätte und alle wirklichen Werte, Grundstücke, Häuser, Fabriken, Autos, dem gegenübergestellt, dann hätte einem doch auffallen können, dass da etwas nicht stimmt. Dass wir – die Menschheit – zwar behaupten, dass wir so oder so reich sind, tatsächlich jedoch nur mit Spielgeld handeln. Oder anders ausgedrückt, dass wir der Welt tief verschuldet sind."

„Ärgerlich ist, dass der Rücktausch dieser Spielgeldwährung in reales Kapital so reibungslos funktioniert. Wenn ein Manager das virtuelle Vermögen seines Unternehmens verdreifacht, dann genehmigt er sich als Prämie einen dreifachen Millionenbetrag – und kann den umtauschen in echte Autos, Häuser, Immobilien."

„Erinnerst du dich, dass wir die Kinder früher damit glücklich machen konnten, ihnen einen Euro in hundert Centstücke zu wechseln? Plötzlich, dachten sie, wären sie sehr reich geworden, denn sie hatten ja ganz viel Geld. Genauso haben die Banken gehandelt."

„Bei Kindern ist das niedlich. Bei Banken nur noch doof, oder?"

„Meine Marx-Lektüre liegt ja schon etwas zurück. Aber was ich erinnere, ist: Er unterscheidet zwischen Geld und Kapital, was nicht dasselbe ist. Geld muss erst in Kapital umgewandelt werden, sozusagen von der Münze zu einem Anspruch, zu einer Forderung, zu einer Aktie oder einer Schuld. Kapital arbeitet. Geld arbeitet nicht."

„Du hast Marx gelesen?"

„Tut mir leid."

„Ich würde sagen, die Arbeiter arbeiten. Dann hätte man auch wieder einen klaren Gegenwert."

„Aber kaum einen Gewinn. Die Arbeiter würden nur immer das bekommen, was ihre Arbeit wert ist."

„Fair genug, oder?"

„Nicht, wenn ihre Arbeit wenig wert ist. Deshalb brauchte man im Mittelalter keine Zinsen. Da blieb, wer arm war, arm. Ob man genug zu essen hatte, hing vom Wetter oder Boden ab oder vom Fürsten, der einem alles wegnahm."

„Willst du sagen, dass es Börsenspekulanten und Hedgefonds gibt, weil arme Arbeiter reich werden wollen?"

„Karl Marx sagt …"

„Und was sagst du?"

„Ich sage, dass beide unrecht haben, Marx und die Hedgefonds. Sie streiten nach der gleichen Logik des Immermehr."

„Stritten. Jetzt sind sie beide tot. Marx schon lange. Hedgefonds erst seit ein paar Wochen. Mögen sie in Frieden ruhen."

„Aber ein Gutes haben sie doch."

„Nämlich?"

„Man kann gut darüber reden. Und das dauert länger als zehn Minuten. Wenn das nicht gewinnbringend ist!"

Du auf Anrufbeantwortern

Duzen hat mir immer gefallen. Die Dänen und die Engländer tun es, und nur die Königinnen in beiden Reichen heißen „Sie". Und auch im Plattdeutschen, dem Dänischen sprachgeschichtlich nah verwandt, ist das Du die natürliche Anredeform. Das schafft Gemeinsamkeit. Das gibt einen Vertrauensvorschuss schon in der Anrede, einen Vertrauensvorschuss gegen das Misstrauen, das man sonst erst mal allem und jedem entgegenbringt.

Meine Eltern sagten, als sie mir das „Sie" beibrachten, dass es sich so gehöre, dass daraus die Achtung gegenüber der anderen Person spreche. Ich bin mir nicht sicher, ob das so stimmt. Mein Eindruck ist eher, dass Siezen eine Distanz schafft, jemanden auf Abstand hält, eine Hierarchie aufbaut und deshalb so typisch deutsch ist. Aus dem „Du" hingegen spricht eine Gleichheit aller. Es ist irgendwie ehrlicher.

Meine Kinder gehen auf eine dänische Schule und duzen ihre Lehrerinnen und Lehrer. Und das Duzen macht diese zu ihren Freunden, nicht zu ihren Vorgesetzten. Die Eltern der Klassenkameraden meiner Kinder duzen sich alle. Das war, als ich Kind war, ganz anders. Da haben sich alle Eltern untereinander gesiezt und die Kinder die Eltern sowieso, und unsere Nachbarin hieß Frau Petrowski und nicht Renate. Und richtigerweise sagte man nicht „Du, Frau Petrowski", sondern natürlich „Sie". Unter Arbeitskollegen scheint sich die Sache schon etwas zu verunklaren, da sind diese Zwitterformen erlaubt. Etwa wenn die Kassiererin unvermittelt ruft: „Du, Frau Müller, was kosten die Tomaten?" Fällt das unter die Kategorie: Was Kinder nicht dürfen, tun sie dann als Erwachsene?

Das Sie ist für Geschäftsverhandlungen, wo man sich übers Ohr haut. In der Schlange vor dem Bäckertresen, wo alle gleich lange warten, bis sie drankommen, ist das Du richtiger. Darin schwingt ein gewisser Anarchismus, eine gewisse Respektlosigkeit gegenüber Autorität und Hoheit mit, die mir sehr gefällt.

Stößt man auf Anrufbeantworter und Mailboxen und achtet auf die Ansagen, die zum „Sprechen nach dem Signalton" auffordern, fällt auf, dass sich die Leute häufig direkter und persönlicher vorstellen, als sie es tun, wenn sie live den Hörer abheben. Da gibt es Kinderstimmen, die die Namen – Vornamen – aller Familienmitglieder nennen, manchmal inklusive der Katzen und Hunde. Da gibt es witzige Sprüche und freche Aufforderungen – alles im Du gehalten. Das alles kommt mir sehr entgegen, denn ich melde mich immer mit „Hallo, hier ist Andrea" am Telefon.

Dass ich also „Andrea" heiße, wissen die Leute, die mich anrufen, und sie sind nicht erstaunt, wenn ich mich so melde. Bei beruflichen Kontakten ist das anders. Oftmals ist der Lektor, die Herausgeberin oder der Literaturjournalist am anderen Ende überrascht, wenn ich „Hallo, hier ist Andrea" sage. Der Literaturbetrieb ist ein ziemlich hierarchisch organisiertes Geschäft, meist sogar noch über informelle Strukturen, was ihn umso undurchschaubarer macht. Die Leute halten kurz inne, erkennen meinen Namen – und das Gespräch beginnt mit einer angenehmen Irritation, die Raum für ein gewisses Entgegenkommen, Vertrauen und Offenheit schafft. Danach redet es sich leichter, obwohl man sich eigentlich gar nicht kennt. Manchmal aber halten sie nicht kurz inne. Dann sagen sie nur: „Kann ich mal deine Mutter sprechen?"

Gegen die Zeit

Die Strecke Kiel – Flensburg beträgt circa neunzig Kilometer. Die Geschwindigkeit auf den fünfundzwanzig Kilometern bis zum Autobahnkreuz Rendsburg ist auf hundertzwanzig Stundenkilometer begrenzt. Wenn man die verbleibenden fünfundsechzig Kilometer ab Rendsburg ebenfalls mit hundertzwanzig fährt, benötigt man bis Flensburg zweiunddreißigeinhalb Minuten. Fährt man jedoch hundertvierzig, schafft man das Stück in siebenundzwanzig Minuten.

Fünf Minuten können viel Zeit sein. Es ist die Zeit, die ein Ei braucht, um schmackhaft und mundgerecht gekocht zu werden, fünf Minuten Schlaf können einem Kraft für sechs Stunden Konzentration geben, und schon zwei Minuten Strafe können im Sport ein Spiel auf den Kopf stellen. Fünf Minuten sind die Zeit, die manchmal fehlt, um einen Aufsatz, einen Brief oder ein Buch fertigzustellen.

Aber die meisten, die hundertvierzig Stundenkilometer und mehr fahren, die rasen, die Lichthupe betätigen, das Fernlicht aufblenden, eng auf Laster auffahren, die Spuren wechseln oder fast an der linken Leitplanke kleben, um ihre Ungeduld zu signalisieren, machen das nicht, um danach zu Hause schnell ein Nickerchen einzulegen, einen Brief zu schreiben oder ein Ei zu kochen, sie machen es, um zu Hause zum Kühlschrank zu latschen, sich ein Bier zu schnappen, den Fernseher anzumachen oder einfach nur rumzusitzen. Es gibt eine merkwürdige Nichtübereinstimmung zwischen gefühltem und tatsächlichem Sinn, wenn man beim Autofahren fünf Minuten einsparen möchte.

Wir alle leben ständig in dem Gefühl, zu wenig Zeit zu haben. Zeit scheint kostbar zu sein – nicht nur für die grauen Herren im Kinderbuch „Momo", die den Leuten die Zeit stehlen, indem sie

sie mit unnützem Tand versorgen, um sie alle zu Sklaven der Moderne zu machen. Unter dem Regiment der Zeitersparnis muss man, was man macht, schnell machen, um dann das Nächste zu machen. Dabei ist es ganz egal, was das Nächste ist. Hauptsache, man macht etwas.

Objektiv gesehen ist deshalb Rasen irrational. Und bei anderen registrieren wir dieses irrationale Verhalten auch sehr bewusst. Wenn ein Lastwagen den anderen wegen eines Geschwindigkeitsunterschiedes von fünf Stundenkilometern, also einer Zeitersparnis von vielleicht zehn Minuten auf der Strecke Odense – Hannover, überholt, einer Zeit, die man in Pinkel- oder Kaffeepausen schnell wieder vertrödelt, dann rechnen wir eiskalt den Unsinn nach und schimpfen laut darüber.

Wir selbst aber verhalten uns oft genauso. Das wiederum liegt daran, dass subjektiv gesehen Schnellfahren durchaus einen Wert hat. Das Im-Verkehr-Mitfließen gilt als wenig cool, so wenig wie eben Angepasstsein. Ausscheren und mal Zwischengas geben sichert einem neben dem Ärger der anderen Fahrer jedenfalls auch ein gewisses Ansehen sich selbst gegenüber. Man hat mal ordentlich Gas gegeben. Man ist voll in die Eisen gegangen. Dem hat man es aber gezeigt. Dabei das Radio aufdrehen und die Sonnenbrille aufsetzen, und plötzlich ist Tarp Miami. Objektiver Sinn und subjektive Leidenschaft klaffen etwas auseinander.

Der Mensch aber gilt als vernünftig. Mindestens vernunftbegabt. Und deshalb sollte er im Zweifelsfall nicht den niederen, subjektiven Instinkten folgen, sondern den objektiven Gründen. Fünf Minuten Zeit können viel sein. Im Alltag sind sie aber allermeist schnell irgendwo vergeudet.

Barrierefreies Kochen für Männer

Ich habe mal gehört, wenn es einen Staubsaugertrecker gäbe, würden die Männer diesen Part im Haushalt unaufgefordert übernehmen. Ähnlich scheint es mir manchmal mit der Essenszubereitung zu sein. Ich kenne mindestens einen Mann, der mit Appetit alles isst, was man ihm vorsetzt – und das ist löblich und ignorant in einem. Löblich, weil die Köchin nie wirklich etwas falsch machen kann, ignorant, weil besondere Mühe eben auch kaum honoriert wird.

Mit der gleichen Haltung kocht dieser Mann. Wenn es denn unbedingt sein muss. Er macht es nie besonders aufwendig und ohne Fantasie, die er sonst in einem hohen Maße aufzubringen in der Lage ist. Dann gibt es Nudeln mit Ketchup oder Eierkuchen mit Apfelmus, Milchreis, Fischstäbchen, tiefgefrorenes Gemüse und Pommes aus dem Backofen. Wenn es hochkommt, kocht sogar schnell eine amerikanische Fastfoodkette, über deren Schweinefraß er sich sonst auch mal negativ äußert.

Nur im Sommer zeigt er größeren Ehrgeiz. Und wenn ich richtig sehe und die Rauchschwaden aus den Gärten der Nachbarn richtig deute, in Übereinstimmung mit anderen seines Geschlechts. Im Sommer grillt er.

Nun ist Grillen sicher keine kulinarische Herausforderung. Die Würstchen sind fertig eingeschweißt und das Fleisch vorgewürzt. Man muss eigentlich nur Plastik richtig aufschneiden und ansonsten aufpassen, dass nichts anbrennt. Das Aufwendigste sind noch die Salate, und folgerichtig bleiben sie meist an den Frauen hängen. Dennoch, obwohl die Fleischzubereitung niedrigschwellig genug ist, sozusagen barrierefreies Kochen für Männer, ist die Bereitschaft, mit der sich der Zubereitung des toten Tieres auf dem Rost gewidmet wird, nicht wirklich erklärlich.

Da stehen die Männer im Rauch, schwitzen über den glühenden Kohlen, lassen sich von Fett bespritzen und fischen die Mini-Würstchen aus der Asche, wenn sie durch den Rost gefallen sind. Was geht im Mann am Grill vor?

Vermutlich ist genau die rauchige, stinkige, irgendwie urige, um nicht zu sagen archaische Atmosphäre bei der Zubereitung des Fleisches der Reiz für Männer beim Grillen. Wenn das Fett spritzt, bricht der Neandertaler in ihnen durch. Das Gemüse lassen sie den Frauen, aber einen blutigen Lappen Fleisch, den legen sie gern selbst auf den Grill, wie seit der Zeit der Mammutjäger Millionen vor ihnen. Grillen hat etwas mit männlicher Potenz zu tun.

Nun weiß ich sicher, dass es keine genetische Disposition in dieser Richtung gibt. Aber es gibt wohl so etwas wie eine Selbstsuggestion, was unter männlich zu verstehen ist. Eine eingebildete Männlichkeit, die irgendwo zwischen Westernromantik und Raubrittertum liegt, zwischen Völlerei und Verhungern. Vermutlich fühlen sich Männer seit Jahrtausenden gleich, wenn sie ein Kotelett wenden, und die Zivilisationsgeschichte ist in dieser Hinsicht völlig umsonst gewesen.

Mir soll es recht sein. Ich stehe ungern im Rauch, ich stinke nicht gern, doch esse ich gern zum Salat ab und zu ein Stückchen Fleisch.

Ein kleines Glück vor dem Feierabend

Mir ist klar, wie ätzend Überstunden nach einem langen Verkaufstag sind, mir ist klar, dass die Arbeitsbedingungen nach all den politischen Reformen nicht komfortabler geworden sind, und ich wäre froh, alle Kassiererinnen und Verkäuferinnen würden mehr verdienen und mindestens so viel, dass sie ihre Familien davon ernähren können.

Dennoch, muss ich zugeben, kaufe ich am allerliebsten abends kurz vor Ladenschluss ein, fast als letzte Kundin im Supermarkt, fast als Einzige vor den Regalen. Ich weiß nicht, ob das politisch korrekt ist und ob die Kinder der Frauen, die dann noch arbeiten, allein vor dem Fernseher sitzen oder weinen, weil ihre Mami sie nicht ins Bett bringt. Ich weiß nicht, was die Gewerkschaften zu mir sagen würden, und grundsätzlich finde ich auch die immer weitere Ausdehnung des Konsums in alle Lebensbereiche fürchterlich.

Trotzdem kaufe ich am liebsten abends ein. Und das nicht nur, weil es am besten in meinen Tagesablauf passt, sondern auch, weil dann eine andere Stimmung in den Geschäften herrscht, vergleichbar vielleicht nur mit Heiligabend um zwölf Uhr mittags. Abends, da wischt schon mal der Chef die angetrocknete Milchpfütze vor dem Feinkostregal auf. Dann, wenn die großen Kartonpressen geleert und die Einkaufswagen symmetrisch ausgerichtet werden, wenn die Regale bereits wieder voll, die Kassen aber leer sind und die Schlangen kurz, dann kann man förmlich den nahen Feierabend riechen.

Allein, es ist nicht die größere Schnelligkeit des Einkaufs, weil man nicht so lange anstehen muss, die den Charme des späten Einkaufens ausmacht. Es ist im Gegenteil die größere Gelassenheit aller Menschen. Findet man den Curryketchup nicht, wird man bei Nachfrage mittags unfreundlich in die übernächste Reihe verwiesen – bei zwanzig Metern Strecke eine Orientierungsangabe ohne Wert –, abends geleitet einen eine freundliche Verkäuferin direkt an die gesuchte Stelle.

Aber es ist eigentlich auch nicht die größere Freundlichkeit des Personals, also sozusagen der Service, es ist die durchschimmernde Menschlichkeit, ein Aufblitzen von Entgegenkommen, das im Stress und im Geschiebe des Tages unter der Anonymität des Alltags nicht möglich zu sein scheint. Noch während ich meinen Großeinkauf aufs Band staple, lasse ich die alte Dame mit dem Streichkäse und das Pärchen mit Chips und Sixpack vor. Diesmal sagen sie nicht nur „Danke", oder was man so sagt, sondern kommentieren meinen vollen Einkaufswagen, und ich frage, was es denn im Fernsehen gibt. Die alte Dame dreht sich um und sagt „Emergency Room". Wir grinsen alle. Die Kassiererin „bittet" um 89,50 Euro, „wenn sie darf", und ich frage, ob ich mit EC-Karte zahlen „darf". Wir tauschen Höflichkeiten, als wären wir an der Rezeption eines Fünf-Sterne-Hotels, und freuen uns, weil wir wissen, wie absurd die Situation letztlich ist. Immerhin stehen wir an einer hässlichen Kasse in einem funktionalen Supermarkt mit lauter schlecht bezahlten Jobs.

Doch genau das wird überwunden durch solche Funkenschläge der Menschlichkeit. Da werden Fremde zu Verbündeten, Verbündete, die voneinander wissen, dass der Alltag schwierig sein kann, dass man müde ist und sich nicht leisten kann, was sich die Kinder wünschen. Aber Verbündete, die darüber nicht lange quatschen müssen. Die das Gerede den Politikern überlassen und die Situation mit einem Witz überwinden und ein kleines bisschen glücklicher nach Hause gehen.

Konservativ lallend

Der meistzitierte Däne ist weder Prinz Hamlet noch der Philosoph Søren Kierkegaard, weder der Fußballer Brian Laudrup noch Königin Margarete II., nicht der Dichter Hans Christian Andersen oder die Sängerin Gitte Hænning, der meistzitierte Däne heißt Koch und ist es auch. Sein Arbeitsplatz ist die Küche der Muppet Show, und sein Erkennungszeichen ist ein Lied, das auf Deutsch „Butterbrot, Butterbrot, tralalala" heißt, auf Dänisch „Smørebrød, Smørebrød, rømtømtømtøm" (wobei, fehlerhaft synchronisiert, „Smørebrød" nicht wie „Smörebröt" ausgesprochen wird, sondern eher wie „Smörebröl").

Fragt man Dänen, so sagen sie, die Schweden und Norweger saufen wie die Löcher (fragt man Schweden und Norweger, behaupten sie das Gleiche von den Finnen, fragt man Finnen, erzählen sie von komatösen Kartoffelschnapserfahrungen in Russland). Fragt man Deutsche, wo im Ausland am meisten Bier getrunken wird, so antworten sie: Dänemark. Unklar ist allerdings, ob sie damit ihren eigenen Aufenthalt im Ferienhaus memorieren oder tatsächlich eine Einschätzung der Landesbevölkerung vornehmen.

Vermutlich weder noch, vermutlich ist es die Sprache, beziehungsweise der Sprachklang, beziehungsweise das, was deutsche Ohren darin hören, beziehungsweise das, was deutsche, durch die Muppet Show deformierte Ohren darin hören wollen. Dänen reden, als ob sie einen im Tee hätten. Man kann Satzenden und Wortanfänge nicht erkennen, die Melodie steigt und fällt wie bei einem Kinderlied, fast scheint es, als wären alle Konsonanten auf der Zunge geschmolzen.

Der Linguist schaut dem Volk aufs Maul und bestätigt es: Die Aussprache des Dänischen ist sehr weich (weich heißt auf

Dänisch „blød" und wird ausgesprochen wie „blöl", wie in „Smö-rebröl") – im Gegensatz zur Schriftsprache. Die unterscheidet sich, im Gegensatz zur Aussprache, kaum vom Norwegischen oder Schwedischen, die aber – auch bei entsprechendem Alkoholkonsum – weit weniger „blöl" sind. (Weshalb der dänische Koch in Dänemark auch „Der schwedische Koch" heißt und sich die Dänen über sein rollendes „r" scheckig lachen.) Mischt man Englisch und einen beliebigen niederdeutschen Dialekt (also alle, die Appel statt Apfel, Hus statt Haus und Ik statt Ich sagen) und spricht mit einer gewissen Unschärfe, ergibt das Dänisch. Die dominanten Laute scheinen „ö" und „l" zu sein, was zusammengesetzt „øl" ergibt und auf Deutsch „Bier" heißt.

Die dänische Schriftsprache ist ausgesprochen konservativ. Obwohl eine Rechtschreibreform bereits 1949 alle „ph", Dehnungs-„h", Dehnungs-„e" und die „v"-Zeichen für „f"-Laute tilgte und „Philosophie" also auf Dänisch „filosofi" heißt und „Vorsteher" „forstander", erinnert ihre schriftliche Form stark an die des Mittelhochdeutschen. Die Aussprache ist hingegen ausgesprochen fortschrittlich. Sie schleift die Bastionen des Konsonantismus. Das „d" ist zu einem Lispellaut weggenuschelt (ähnlich wie im Englischen das „th" in „the", ganz richtig heißt „weich" also eigentlich „blöth"), Endkonsonanten werden meist nicht mitgesprochen, „b", „d", „g" sind stimmlos.

Ich breche an dieser Stelle den Sprachkurs ab. Worauf es ankommt, ist, dass unter einer sehr veränderlichen, progressiven und teilweise wie besoffen klingenden Aussprache eine konservative, beständige und bodenständige Schriftsprache ruht. In der Gegenwart und im ersten Moment scheint alles sehr augenzwinkernd, offen für Veränderungen, sehr modern, aber niemals verliert diese leichtfüßige Zungenfertigkeit ihre Herkunft aus den Augen.

Vater sein dagegen sehr

„Vater werden ist nicht schwer, Vater sein dagegen sehr", schrieb Wilhelm Busch vor hundert Jahren, und es scheint mir, als hätte er damit nie so recht wie heute. Nachdem im letzten Jahr kiloweise Bücher über neue Emanzipation und alte Frauenbilder auf den Markt geworfen wurden, sind in diesem Jahr die Väter dran.

Die vielen Ratgeber und Lebenshilfen, die die Buchregale fluten, sind allerdings nicht Ausdruck der Stärke des ehemals starken Geschlechts, gar eines patriarchalen Selbstbewusstseins, sondern von Schwierigkeiten und Irritationen. Offenbar hadern viele Männer mit ihrer neuen Rolle als Vater, suchen Rat, sehen sich Erwartungen gegenüber, die schwer zu erfüllen sind. Das ist eine neue Dimension der Debatte.

Während in der Vergangenheit Konflikte der Väter immer Konflikte waren, die sie mit anderen (Kindern, Frauen, Nebenbuhlern) hatten, haben Väter heute offenbar ein Problem mit sich selbst. Die Herren der Schöpfung sind auf der Suche nach einem neuen Selbstverständnis, sie sind konfrontiert mit Anforderungen und Erwartungen, „gute Väter" zu sein, und scheitern oft (oder haben das Gefühl des Scheiterns) an den Möglichkeiten, dieses Ideal zu erfüllen.

Denn die armen Männer haben ein Problem. Früher war es ausreichend, Geld zu verdienen und seine Familie zu ernähren, um ein guter Vater sein. Heute wollen wir Frauen erstens selbst unser Geld verdienen, zweitens auch Männer, die Windeln wechseln, auf dem Spielplatz rumturnen und abends Mensch-ärgere-Dich-nicht spielen, statt Bier zu trinken. Aber für die armen Väter hat der Tag auch nur vierundzwanzig Stunden, und häufig gibt es wenig Verständnis in den Firmen oder Betrieben, wenn ein Vater sagt, dass er heute pünktlich nach Hause gehen muss, um sein

Kind vom Ballett abzuholen. Ein Vater muss beruflich erfolgreich sein, gleichzeitig soll und will er ja meistens auch Zeit mit den Kindern verbringen. Karriere machen und den Abwasch, das ist ziemlich viel verlangt. Neue Herausforderungen drohen das Konzept „Vater" zu sprengen. Die „Samstags gehört Papi mir"-Zeit scheint endgültig vorbei. Papi gehört immer allen. Eine Konzentration nur noch auf eine Tätigkeit ist nicht mehr gefragt. Gefragt ist Multitasking, viele Dinge gleichzeitig machen, so wie es bei den Frauen schon lange gang und gäbe ist.

Dazu kommt, dass selbst die beste Ausbildung heute nicht mehr Arbeitsplatzsicherheit bedeutet. Selbst Führungsjobs sind permanent durch Kündigung bedroht. Berufswechsel, flexible Arbeitsbedingungen, Projektarbeit, eine prekäre Form von Selbstständigkeit, das alles führt zu einem Lebensgefühl, das neu ist und sich von den Emanzipationsdebatten der Vergangenheit unterscheidet. Frauen und Männer meiner Generation schleppen die Unsicherheit, was aus ihrem Leben wird, als permanent mitschwingenden Modus mit sich herum. Die alten Klischees und Interpretationen von Vaterschaft passen nicht mehr.

Die Väter kämpfen also den Kampf der Frauen um Emanzipation – nur in umgekehrter Richtung. Die Frauen wollen einen gerechten Teil am Erwerbsleben, die Väter eine faire Chance, ihre Kinder beim Aufwachsen zu begleiten. Das hat nichts mit Weichei oder Hausmann zu tun, sondern mit einer neuen Stärke, gerade weil das starke Geschlecht Schwäche zugibt. Wir Frauen brauchen diese Väter, um ein gleichberechtigtes Gesellschaftsbild zu verwirklichen, die Väter aber brauchen uns, damit sie Zeit finden, mit den Kindern zu spielen. Und deshalb macht mich ihr Unglück eigentlich ganz glücklich.

Glauben ist ein Teekesselchen

Zwei meiner besten Freunde stritten sich. Wir gingen am Deich spazieren. Es war in jenen Junitagen, die man kaum als Sommer bezeichnen kann. Über der Nordsee, wo man am Horizont die Warften und Halligen sah, ballten sich schwarze Wolken zusammen. Die Luft fühlte sich an wie im März, die Nordsee war kabbelig. Es gab noch keine Quallen.

Der eine hatte gerade sein Kind taufen lassen. Der andere schüttelte den Kopf und sagte: „Ich glaube nicht an Gott. Ich bin Atheist." Darauf der andere: „Atheismus gibt es nicht. Dazu müsstest du wissen, dass es Gott nicht gibt. Du glaubst aber nur, dass es Gott nicht gibt. Also glaubst du."

Das wollte mein atheistischer Freund nicht auf sich sitzen lassen. Er zeigte in den Himmel. „Siehst du die Wolken? Sieht aus, als ob es bald regnen würde. Aber ich kann es leider nicht wissen. Daraus folgt doch nicht, dass ich an die Berechenbarkeit des Wetters glaube."

Mir wurde die Diskussion zu kompliziert. Ich bückte mich, sammelte ein paar vertrocknete Blasentang-Arme auf und zerdrückte die Luftpolster. Sie waren leer. Trotzdem waren die Blasen da. Ob ich das meinen Freunden sagen sollte? Aber die waren noch immer voll im Gang.

„Wer sagt dir, dass Gott berechenbar ist?", fragte der, der sein Kind hatte taufen lassen.

„Muss er doch sein. Jedenfalls prinzipiell. Er muss eher gut als böse sein. Darauf muss man sich doch verlassen können, wenn man glaubt, oder?", entgegnete der Zweifler. „Wenn du an Gott glaubst, müsstest du auch glauben, dass es regnen wird, wenn schwarze Wolken aufziehen."

Die Wolken sahen in der Tat bedrohlich aus und kamen näher.

„Sag du doch mal was, Andrea", sagte der andere unvermittelt. Ich war in Gedanken noch beim Blasentang.

„Glauben ist nicht gleich glauben", sagte ich. „Die Worte klingen zwar gleich. Aber sie haben unterschiedliche Bedeutungen. An Gott glauben bedeutet, in einer engen Bindung zu Gott zu stehen, es bedeutet so was wie Gott wissen oder Gott hoffen. Wenn du es aber verneinst, also sagst, ‚Ich glaube nicht, dass es Gott gibt‘, dann bedeutet ‚glauben‘ so was wie ‚annehmen, vermuten oder für möglich halten‘. Glauben ist sozusagen ein Teekesselchen."

Die beiden schwiegen.

„Blöde Schriftsteller", maulte der eine dann nach einer Weile, „legen jedes Wort auf die Goldwaage."

„Und gibt es also Atheisten?", fragte der andere nach.

„Keine Ahnung. Aber ich schätze, wenn du sagst, ‚Es gibt Gott‘, musst du auch zulassen, dass einer sagt, ‚Es gibt Atheisten‘. Ob das was beweist, weiß ich nicht."

In diesem Moment fielen die ersten Tropfen. Wir blickten alle wie auf Befehl hoch in den Himmel. Dann zogen wir unsere Jacken höher und schlossen die Reißverschlüsse.

„Siehst du", sagte der mit dem getauften Kind, „es regnet."

Aber da täuschte er sich. Die Wolken zogen weiter ins Hinterland. Es fielen nur Tropfen. Dicke, schwere Tropfen zwar, aber nichts, zu dem man Regen hätte sagen können. Wir mussten nicht umdrehen, sondern gingen weiter. Allerdings, trocken war es auch nicht. Vielleicht ist so Glauben, dachte ich.

Angelandet in der Fremde

Zu seinem fünften Geburtstag wünschte sich mein jüngster Sohn eine römische Galeere einer bekannten Spielzeugfirma. Er bekam sie, und mein Mann und er saßen den halben Vormittag, setzten den Mast, rüsteten die Mannschaften aus, verteilten Schwerter, luden das Katapult, setzten Segel, stachen in See und fuhren übers Mittelmeer nach Britannien.

Von dort, genauer von der irischen Insel, die die Römer nie zu erobern versucht hatten und vermutlich auch nie hätten erobern können, kam an diesem Tag ein Glückwunschschreiben von einem Mädchen, das meinen Sohn gar nicht kannte.

Und was schreibe ich „Mädchen"? Genau betrachtet ist Sarah eine junge Frau. Sarah war das älteste Mädchen der Familie, bei der ich nach der Schule ein Jahr als Au-pair verbracht hatte. Als unser jüngster Sohn geboren wurde, schickte ich ihnen eine Geburtsanzeige, ein Foto der ganzen Familie, um den alten Kontakt nicht ganz abreißen zu lassen, vielleicht aber auch aus irgendeinem metaphysischen oder abergläubischen Bedürfnis heraus, denn damals hatte ich erstmals intensiv mit Kindern zu tun und eine mutterähnliche Verantwortung.

Fünf Jahre später kam nun die Antwort. Sarah war jetzt so alt wie ich damals, als ich mit ihr auf dem Fußboden kniete und zwar keine Römer, aber doch Reiterhöfe und Feuerwehrstationen aufbaute, Figuren auf Plastikgäule setzte, Männer mit Gasmasken versorgte. Jetzt war sie gerade mit der Schule fertig und wollte als Au-pair-Mädchen ins Ausland gehen. Sie hatte kein Foto beigelegt. Ich stellte sie mir so vor, wie ich damals aussah, obwohl sie blond ist. Oder blond war.

Ich erinnere mich an mich, damals. Irgendwie erwachsen und weg von zu Hause, aber irgendwie das Leben auch noch nicht angenommen. Es ist nicht leicht zu beschreiben, wie ich mich damals fühlte. Irgendwie dazwischen. Etwas Altes war vergangen, etwas Neues hatte noch nicht begonnen. So gab es ein Gefühl der Fremde. Und das hatte nichts damit zu tun, dass ich im Ausland lebte. Höchstens war das Ausland eine Art Bild dafür. Das Leben war fremd – und ich war neugierig und ließ mich voll darauf ein. Auf Irland. Ich hatte einen Freund, aber mir war klar, dass er nur in diese irische Zeit passte. Manchmal blieb ich die ganze Nacht weg, tanzte oder traf mich im Pub mit einer Freundin, nahm dann den ersten Bus morgens nach Hause, stieg zwei Stationen früher aus, um den Fahrpreis zu drücken, und war, wenn Sarahs Wecker klingelte, grad so eben frisch geduscht und Au-pair-einsatzfähig. Irgendwie war ich mittendrin im Leben und hatte doch keinen Überblick und wusste auch nicht, wo genau ich mich befand.

Ich überlegte kurz, ob ich Sarah anbieten sollte, als Au-pair zu uns zu kommen. Aber wir hatten kein Zimmer, das wir ihr anbieten konnten. Nein, das mit dem Zimmer war es nicht. Ich blickte auf meinen Mann und meinen Sohn. Beide spielten versunken. Als Hilfe hätte ich ein Au-pair gut gebrauchen können, aber als Erinnerung, wie es damals war, wie es sich anfühlte, als ich neunzehn war, war es uninteressant. Das Gefühl der Fremdheit zwischen mir und meinem Leben ist verschwunden. Erwachsensein, das ist eher wie wieder Kind werden. Konzentriert auf die Dinge, mit denen man sich beschäftigt, eins mit dem Leben um einen herum.

Die Galeere landete an einem unbekannten Strand. Die Römer gingen von Bord. Sie hatten keine Angst, sich zu verlaufen.

Kunst und Kontext

„Die Terrakotta-Krieger sind nicht echt." – Diese Nachricht diskreditierte die Ausstellung des Hamburger Völkerkundemuseums. Das Museum bot den bisherigen Besuchern, es waren über zehntausend, die Rückerstattung des Eintrittsgeldes an.

Dabei waren alle Besucher mit der Ausstellung höchst zufrieden. Aug' in Aug' standen sie den Soldaten des Kaisers Qin Shihuang-di gegenüber, mit denen dieser vor zweitausenddreihundert Jahren sein Leben im Jenseits absicherte. Was ihm schließlich auch gelang, wenngleich nicht „mit" seinen tönernen Soldaten, doch sehr wohl „durch" sie. Denn die Kunstwerke repräsentieren seine Macht noch heute. Und offenbar gelang es der Ausstellung, etwas vom Glanz dieser alten Kaiserzeit zurückzurufen in die Gegenwart.

Und trotzdem war sie ein Skandal, weil die Gegenstände im Museum nicht echt waren. Der Skandal hatte seinen Grund offenbar nicht in der subjektiven Zufriedenheit der Besucher. Er hatte seinen Grund offensichtlich nicht in der Güte der Ausstellung. Der einzige Grund, warum unechte Terrakotta-Krieger einen Skandal bedeuten, liegt in der Erwartungshaltung, die man mit dem Begriff Museum verbindet.

Vielleicht kennen Sie den Werbespot, in dem eine Reinigungsfachkraft eine total verdreckte Badewanne in einem Kunstmuseum schrubbt. Das Reinigungsmittel scheint top zu sein, das Kunstwerk ist futsch. Aber was macht eine dreckige Badewanne zu einem Kunstwerk? Genau: das Museum. Der Ort und die Umstände bestimmen die Bedeutung von Gegenständen.

Vermutlich werden Sie alle schon manchmal irritiert vor einer Zeichnung oder einem großen blauen Quadrat gestanden und sich gefragt haben, warum um alles in der Welt das Kunst sein soll. Das ist keine Frage, die irgendwie naiv ist. Sie trifft den Kern der Kunst. Kunst verändert die Wahrnehmung. Dazu muss sie sich aus der alltäglichen Welt entfernen. Sie braucht einen anderen Raum, ein anderes Licht, eine bestimmte Stimmung. Kunst ist nicht „an sich" Kunst, sondern bedeutungsvoll nur im Rahmen der Kunstwelt, innerhalb derer sie sich positioniert.

Christoph Schlingensief inszenierte vor ein paar Jahren in Bayreuth eine andere Art Wagneroper mit Video-Installation und Unrat auf der Bühne. Es wurde als Kunst akzeptiert, weil man wusste, was von diesem Regisseur zu erwarten war. Die Erwartungshaltung wurde nicht enttäuscht, der Kontext machte klar: Hier befindet man sich jenseits alltäglicher Bedeutungshaftigkeit.

Der Verleiher der Terrakotta-Krieger hatte dem Völkerkundemuseum „authentische Scherbenfiguren aus Originalmaterial" angeboten und gab sich erstaunt, dass irgendwer in der Welt daraus schlussfolgern könnte, dass es sich um Originale handelte. Wenn man aber in einem Museum arbeitet, liest man das Angebot offensichtlich mit einer anderen Erwartungshaltung. Und wenn man in ein Museum geht, dann betritt man einen Raum in der Erwartung, dass alles echt ist, original und unverfälscht. Im Fall der chinesischen Krieger scheint sich die großartige Wirkung jedoch auch jenseits des Authentizitätsanspruchs entfaltet zu haben. Aber es geht eben nicht um den Gegenstand, es geht um den Kontext, in dem er steht. Der Kontext macht die Kunst.

Männer lesen anders

Diese Kolumne behandelt ein heikles Thema. Besser gesagt, eine heikle Beziehung. Eines der letzten großen unerforschten Geheimnisse der Menschheit: Wie lesen Männer? Nicht zu verwechseln mit der Frage: Was lesen Männer? Die ließe sich unter Umständen anhand von Bestsellerlisten und Publikumsbefragungen beantworten. Oder auch viel weniger umständlich, nämlich: Männer lesen, was Frauen ihnen schenken.

Aber darum geht es mir hier nicht, obwohl bekannt ist, dass nahezu hundert Prozent der verkauften Bücher von Frauen gekauft werden, von Frauen, die „Brigitte" lesen oder Elke Heidenreich sehen, weshalb es für den Verkauf eines Buches relativ egal ist, was die Literaturkritiker (Männer meist) des Hochfeuilletons sagen und weshalb die Verlage alles daransetzen, Bücher mit Titeln und Umschlägen auszustatten, die möglichst journaltauglich sind. Ein elendes Lied könnte ich davon singen. Aber darum geht es wie gesagt nicht. Es geht darum, wie Männer lesen. Ich brauchte drei Anläufe, um diese Kolumne zu schreiben. Hier sind sie.

Nummer eins: Vielleicht war alles meine Schuld. Hätte ich nicht den Plan geschmiedet, unseren Schuppen zu einem Party- und Übungsraum schalldicht auszubauen, hätte mein Mann vielleicht die Weihnachtstage nicht mit Vorschlaghammer und Spitzhacke verbracht, um den alten Fußboden aus dem Schuppen heraus- und in Container hineinzustemmen, sondern sich mit seinen Söhnen und einem guten Buch unter den Tannenbaum gesetzt. So aber las er abends am Küchentisch, eine Flasche Bier in den schwieligen Maurerhänden. Er las ein Buch, das simpel und blutig erzählt ist. Und er las gierig. Er las, als würde er noch immer auf Betonplatten eindreschen …

Nummer zwei: Wie Sie vielleicht wissen, schreiben mein Mann und ich gemeinsam Bücher. Auf Lesungen werden wir regelmäßig gefragt, wie wir das machen. Da es hier nicht zum Thema passt, werde ich es jetzt nicht erzählen. Vielleicht ein andermal. Einmal, als unser erstes Buch gerade erschienen war, haben wir einer Reporterin voll Übermut geantwortet, dass mein Mann die Sätze mit männlichem Subjekt und aktiver Verbform formuliert, ich die Sätze mit weiblichem Subjekt und im Passiv. Wir lachten. Als wir unseren Witz kurz darauf als Information in der Zeitung lasen, begriffen wir, dass Ironie in der Öffentlichkeit nicht funktioniert. Offenbar nahm die Reporterin an, dass der Satz eine Wahrheit ausdrückte. Männer sind nicht nur männlich und aktiv, sie schreiben auch so. Aber wie lesen Männer?

Nummer drei: Vielleicht kennen Sie das, dass Sie ein Buch an den Ort erinnert, an dem Sie es gelesen haben, den Urlaub, die Insel, den Strand. Ich kann nicht beschwören, dass es immer zutrifft, aber ich habe beobachtet, dass Frauen häufig Bücher lesen, die just an dem Ort spielen, an dem sie sich gerade aufhalten. In Venedig Donna Leon, in Dänemark Peter Høeg und Mallorca-Romane auf der beliebtesten Urlaubsinsel der Deutschen. Männer hingegen lesen im Urlaub irgendetwas. Meist das Weihnachtsgeschenk von ihrer Frau, das bereits seit einem halben Jahr auf dem Nachttisch wartet. „Muss ja mal …" auf den Lippen oder zumindest im Kopf. Das könnte bedeuten: Frauen suchen aktiv Leseerfahrungen, am besten in Korrespondenz zur eigenen Lebenswirklichkeit. Männer lesen aus einer gewissen Passivität heraus, quasi ihrer eigenen Faulheit zum Trotz.

Ich habe keinen der Anfänge weitergeschrieben. Dennoch scheinen sie mir alle auf das Gleiche hinauszulaufen: Männer lesen anders.

Baden mit Heraklit

Er gehört zu den ältesten Weisheiten. Und er hat bis heute nichts von seiner schönen Schlichtheit eingebüßt, der Spruch: „Man steigt nicht zweimal in denselben Fluss."
Überliefert wurde er von dem griechischen Philosophen Heraklit. Und seine Bedeutung ist gleichzeitig klar und vielschichtig, wie es große Literatur eben ist. Zunächst einmal meint er, dass ein Fluss sich ständig erneuert, weiterfließt, sich verändert. Das Wasser des Flusses ist nie das gleiche. Darin gleicht er dem Leben. Kein Morgen gleicht dem anderen. Kein Tag verspricht so zu werden wie der vorherige. Im Trott des Alltags bemerken wir es oft nicht, und wir klagen darüber, dass wir nun schon seit vierzehn Tagen das gleiche Mistwetter haben – falsch ist es trotzdem. Denn auch der Regen ist nie der gleiche, auch die Arbeit nicht, das Essen nicht, noch nicht mal der Schlaf. Es ist wohltuend, sich daran zu erinnern. Manchmal, wenn einem die Decke auf den Kopf fällt, hilft die Ermahnung, auf die Unterschiede zu achten und nicht die scheinbare Gleichheit zu sehen. Klar, das hat etwas von Selbstsuggestion. Aber schlau ist es trotzdem.
Doppeldeutig wird Heraklits Satz, wenn man die Veränderung nicht nur auf den Fluss bezieht, sondern auch auf das „man", auf den Menschen, auf sich selbst. Denn in der Zeit, durch jedes Bad, durch jeden Tag, durch jede Handlung verändern wir uns ja auch. An Kindern sieht man es gut, bei Erwachsenen achtet man nicht mehr darauf. Dennoch, derjenige, der jetzt diese Kolumne liest, ist nicht derselbe, der sie letzte Woche las – auch wenn die Fingerabdrücke dieselben sind.
Über die Frage, was denn den Kern des Menschen, seine Identität bei aller Wandlung und aller Veränderung ausmacht, haben die Philosophen seit Langem gestritten und so manches Buch

geschrieben. Heraklit gibt eine so faszinierende wie schwierige Antwort: Das Baden im Fluss macht den Menschen aus. Seine Erlebnisse, seine Erfahrungen, seine Taten, seine Entscheidungen, sein Sich-dem-Leben-Stellen ist es. Der Mensch ist nicht immer der gleiche, kein fest gefasstes Individuum, das unveränderlich ist, er ist der, der er ist, durch sein Leben.

Und damit wird es kompliziert. Denn wenn der Lebensfluss selbst in beständiger Veränderung begriffen ist und wenn eben jener Fluss es ist, über den sich der Mensch begreifen kann, dann hat man zwei veränderliche und veränderbare Größen, die sich stets zu einer neuen Antwort treiben und aufschaukeln. Eine ein für allemal gültige Aussage ist so nicht zu treffen. Ständig muss man sich und sein Leben neu überprüfen, neu finden.

„Alles fließt." Das ist der zweite überlieferte Satz von Heraklit. So simpel wie weise. Was auf den ersten Blick paradox und problematisch erscheint, ist auf den zweiten eine großartige Einsicht, eine Chance. Es ist eine Herausforderung, vielleicht eine Überanstrengung, es ist ziemlich viel verlangt. Aber letztlich ist er eine andere Formulierung dafür, dass der Mensch frei ist. Denn wenn das Leben klar umrissen wäre, abgesteckte Grenzen hätte und sich nicht ständig erneuern würde, mit neuen Chancen, neuen Möglichkeiten überraschen, dann wäre es ein Schwimmbad, kein Fluss. In einem Schwimmbad steigt man öfter als zweimal in dasselbe Wasser. Es wird lediglich regelmäßig nachgechlort – je nach dem Grad der Verschmutzung.

Das Recht zu fliehen

Es ist schon eine Weile her, dass ich Jules Vernes fantastische Geschichte „20 000 Meilen unter dem Meer" gehört habe. Damals war ich ein Mädchen und vor allen Dingen von dem Abenteuer an Bord der Nautilus fasziniert. Drei Männer, ein Meeresforscher, sein Diener und der Harpunier Ned Land, werden von dem genialen Kapitän Nemo an Bord seines Kernfusions-U-Bootes gefangen gehalten und erleben auf den Tauchfahrten der Nautilus die Wunder und Gefahren der Tiefsee.

Kürzlich tauchte bei uns aus einem verstaubten Karton vom Dachboden eben diese alte Kassette auf, die meine Kinder seitdem mehrmals am Tag hören. Und ich höre halb notgedrungen, halb mit der Erinnerung an meine Kindheit mit. Allerdings bin ich jetzt weniger von dem Abenteuer fasziniert als vielmehr von der Moral der Geschichte. Nemo, der ein genialer Erfinder ist, sich aber von der Menschheit zurückgezogen hat, weil sie nicht reif ist für seine Entdeckungen – eine auch heute noch topaktuelle Parabel auf den Missbrauch des Fortschritts. Vor allen Dingen aber ist mir ein Satz im Gedächtnis geblieben, den der raue und poltrige Ned Land spricht. Er sagt: „Gefangene haben das Recht zu fliehen."

Neulich traf ich meinen Schwager, der Richter ist, und befragte ihn zu diesem Satz. Und er bestätigte ihn. Es ist in Deutschland tatsächlich so, dass Strafgefangene nicht dafür angeklagt werden, wenn sie versuchen, aus ihrer Haft auszubrechen. Strafbar ist nur die Fluchthilfe. Das gilt für Menschen in Freiheit wie auch für Mitgefangene. Sollten Sie also jemals – was ich nicht hoffe – in ein Gefängnis in Deutschland gesperrt werden und einem Mithäftling mit einem Eierlöffel ein Loch durch eine dicke Betonmauer graben und dabei erwischt werden, dürfen Sie keinesfalls sagen, dass das Loch für den Freund war, sondern immer behaupten, dass Sie selbst hätten fliehen wollen.

Ich bin schwer begeistert von diesem Satz. Im Grunde leuchtet es nicht ein, dass jemand, der ein Gerichtsurteil nicht akzeptiert und bricht, dafür nicht erneut bestraft werden kann. Selbst wenn man geblitzt wird und den Bußgeldbescheid anficht, steigt ja der Strafbetrag im Fall einer Verurteilung drastisch an. Juristisch logisch erscheint mir diese Ausnahme für Gefangene nicht. Andererseits finde ich es auf einer elementaren, literarischen, grundsätzlichen Ebene eine großartige Regel. „Gefangene haben das Recht zu fliehen." Sie haben ja auch das Recht zu schweigen. Offenbar gibt es keine Verpflichtung, an der Vollstreckung des eigenen Strafmaßes mitzuwirken. Nicht nur das, es gibt sogar das Recht, den Vollzug zu verhindern. Mir erscheint es wie eine Lücke im Rechtssystem.

Mein Schwager, der Richter, kann mir wortreich erklären, warum das keine Ausnahme, keine Lücke, kein Regelverstoß ist, aber ich lasse mich nicht belehren. Ich finde es eine archaische Idee, dass es Gefangenen erlaubt ist zu fliehen. Sie passt eher zu Robin Hood oder Winnetou als zu einem modernen System von Sanktionen. Dass so etwas in unserem Rechtssystem steht, macht es mir sympathisch. Oder sympathischer.

Ned Land in „20 000 Meilen unter dem Meer" nimmt dieses Recht für sich in Anspruch und rettet damit den Professor und dessen Diener (was wiederum jedoch strafbar wäre). Das Wissen über den technischen Fortschritt versinkt mit Nemo im Meer. Den Menschen bleibt das Wissen über die Kernfusion vorerst versagt – und damit die Zukunft. Zumindest aber das Recht auf Flucht hat überlebt.

Drei ??? für Yeats

Irgendwann hatten meine Kinder sie entdeckt: die alten Kinder-
kassetten meines Mannes. Darunter befand sich eine stattliche
Sammlung von „Die-drei-???"-Kassetten, in denen Justus, Peter
und Bob noch nicht erwachsen sind und so tun müssen, als wären
sie jung. Aber ich will hier weder Schleichwerbung machen noch
Kritiken schreiben. Ich will von einem Zufall erzählen.

Neulich musste ich eine ganze Reihe „Die-drei-???"-Kassetten mit
anhören, weil die Grippe unsere Kinder fest im Griff hatte. Während sie sich auf dem Sofa mit Tee und Honig verarzten ließen,
klärten Justus und Co einen Fall nach dem anderen. Mal ging es
um ein verschwundenes Aztekenschwert, mal um einen Schatz
aus Java, dann wieder um einen Diamanten in einer Götterbüste.
Immer spielten alte Mythen mit. Immer ging es um verfluchte
Orte, verhexte Kisten, Legenden von Gespenstern.

Wie es der Zufall wollte, musste ich mich an diesem Tag auf ein
Literaturseminar vorbereiten, das ich über den irischen Lyriker
Yeats geben sollte. William Butler Yeats ist einer der bedeutends-
ten englischsprachigen Dichter des 20. Jahrhunderts, ganz sicher
jedoch einer der wichtigsten des an Poeten nicht armen Irlands.
Er ist der große Erneuerer und Anreger der literarischen Moderne im anglo-irischen Raum – und das nicht, weil er perfekt und
harmonisch die Spannungen der Zeit, die Entzweiungen zwischen Tradition und Gegenwart, Kontinent und Irland, Stadt und
Land, Form und Inhalt ausgeglichen hätte, sondern weil er sie in
immer krasserer Form herausgearbeitet hat.

In seinen Texten bezieht er sich immer wieder auf Mythen und
Legenden, irische, indische, biblische. Er erzählt sie aber nicht
nach, sondern bricht sie, stellt sie auf den Kopf und erfindet sie
neu. Und er mischt sie ganz real mit der Gegenwart. Plötzlich

läuft seine Frau durchs Gedicht, oder sein Onkel. Das Postamt des irischen Aufstandes von 1916 wird mit dem antiken Babylon kurzgeschlossen.

Der theoretische Grund dafür ist sehr schwer zu erklären. Er lautet etwa so: Yeats will zeigen, wie eine Illusion entsteht und dass der verklärende Blick in die Vergangenheit immer nur Einbildung ist. Was wir als wahre Geschichte aufnehmen, ist eigentlich eine künstliche Erzählung. Aber ihre Kunstform ist in Vergessenheit geraten. Yeats will sie wieder in Erinnerung rufen. Und das völlig zu Recht. Denn wenn man die Vergangenheit verklärt, dann ist das Leben in der Gegenwart immer schlecht und kläglich. Yeats schreibt, dass Adam und Eva sich im perfekten Paradies langweilten. Sonst hätten sie nie den Apfel gegessen. Erst nachdem sie rausgeflogen waren, erschien ihnen das Paradies paradiesisch.

Das kennt ein jeder ja auch von seinem Urlaub: Da war das Bett zu weich, das Zimmer hellhörig, das Essen schlecht. Aber wenn wir wieder hier im Alltag sitzen, dann war der Urlaub große Klasse. Wie erinnert man sich daran, dass er so klasse doch nicht war? Man zerstört die Illusion mit Dingen aus der Gegenwart.

Und genau das tun die Geschichten von den drei ??? – da gibt es Anrufbeantworter, Kameras – in den neueren Geschichten Handys und Computer. Yeats würde sagen: Die Orientierung an der Absolutheit der Kunst, in der der Mensch der Endlichkeit enthoben ist, potenziert ein Leiden an der Mangelhaftigkeit der Zeitlichkeit und Subjektivität, vergrößert Trauer und Sehnsucht. Meine Kinder würden sagen: Krimis sind cooler als Märchen. Und das ist im Grunde genau das Gleiche.

Gepiercte Küsse

Der Verlag, bei dem wir unsere letzten beiden Jugendbücher veröffentlicht haben, rief an. Ob wir Ideen für einen neuen Roman hätten. Seitdem laufen mein Mann und ich anders durch den Tag, suchen Geschichten, suchen Bilder, suchen Menschen.

Und etwas ist anders als bei den Vorarbeiten zu den letzten beiden Jugendbüchern. Neulich bei einer Lesung vor Schülerinnen sah ich zum ersten Mal nicht mehr mich als Jugendliche in ihnen, sondern sie als Zukunft meiner Kinder. Ich blickte nach vorn und nicht zurück. Handelten die vorigen Bücher vielleicht mehr von uns als von der Gegenwart, so wird das nächste mehr von der Zukunft handeln als von uns. Und ich überlege mir, was die Zukunft für meine Kinder bereithalten wird.

Als ich sechzehn war, gab es schwere Walkmen („Walkmans", wie man im falschen Plural zu sagen pflegte), heute spielen Handys sogar Filme ab. Das Erwachsenwerden mit allem möglichen technischen Schnickschnack ist neu – und ich als Erwachsene mache ebenfalls meine Erfahrungen damit. Rauchen war damals cool – nur ich nicht –, heute zaubert Uri Geller die Sucht weg. Der Weg zum Abitur dauerte dreizehn Jahre, heute dauert er zwölf Jahre: Bildung wird nach den wirtschaftlichen Kriterien der Verwertbarkeit von Jugendlichen ausgerichtet. Dieser Entwicklung müssen wir in unserem Buch auf jeden Fall hart widersprechen! Gibt es Freizeit eigentlich noch? Als abgetrotzte, dem Trott entzogene glückliche Zeit? Oder sind die allgegenwärtigen Castingshows nicht der Beweis, dass man selbst seine Hobbys inzwischen zu Markte trägt? Wie sehen die heute Sechzehnjährigen die Welt? Ich meine, wie sehen sie sie wirklich?

Mein Lebensgefühl war irgendwie ernüchtert. Die Zeit, wo man auch mit einer Anything-goes-Haltung Erfolg hatte, war in den

Achtzigern schon der Erkenntnis gewichen, dass es sinnlos geworden war, gegen die Erfolgreichen zu protestieren. Idealismus aus der Enttäuschung zu schlagen, das war unsere Aufgabe. Und heute? Wie werden sich meine Kinder gegen unsere Ansprüche zur Wehr setzen? Werden sie politisch werden oder resignieren, weil Politik auch nur eine weitere Castingshow ist? Werden sie private Ideale finden oder neue Freiheiten einfordern? Wie werden sie sich kleiden? Werden sie eine eigene Mode kreieren oder gegenüber den Moden gleichgültig werden? Kopieren sie die Achtziger oder Neunziger, lassen sie sich die Haare wieder lang wachsen oder werden sie sich Glatzen rasieren? Kommen vielleicht gar Perücken wieder in Mode?

Als ich sechzehn war, hatte das erste Mädchen in unserem Jahrgang ein Nasenpiercing. Das war damals etwas Ungeheuerliches und Gesprächsstoff Nummer eins. Heute sind Tätowierungen „in" und Lippen und Zungen durchstochen. Wie es sich wohl anfühlt, jemanden zu küssen, der einen Zungenstecker hat? Das ist eine Erfahrung, die mir wohl auf immer verschlossen bleiben wird – vielleicht aber wird sie für meine Kinder so normal sein wie für mich damals, mit einem Walkman am See zu liegen. Aber wie beschreibt man nicht nur einen ersten Kuss, sondern einen ersten Kuss mit einer gepiercten Zunge oder Lippe? Wie schmeckt das Metall? Gibt es Geräusche, wenn der Stift gegen die Zähne schlägt? Sind das die Fragen, über die meine Kinder nachdenken, wenn sie noch zwei Tick älter sind?

„Gepiercte Küsse" – das klingt wie ein gutes erstes Kapitel für einen neuen Jugendroman.

Bettler oder Spießer

Früher spielte ich Querflöte. Als Schülerin tingelte ich mit Freundinnen durch die Urlaubsbäder an der Nordsee und machte Straßenmusik. An den Uferpromenaden sammelten wir das Wechselgeld der Touristen nach dem Eiskauf und kauften uns davon selbst ein Eis (und manchmal ein Bier). Großartig war es, in den Bettenburgen-Schluchten der Hotels Haydn zu spielen, wenn der Hall unsere Musik zwischen den Wänden hin und her warf. Und einmal, in Cuxhaven, kamen alle Urlauber auf die Balkone und ließen aus zehn oder zwölf Stockwerken Münzen auf uns herabregnen. Es war wie in einem Amphitheater. Wir fegten das Geld zusammen und sammelten es in einen schwarzen Hut, dem wir ein buntes Band umgebunden hatten.

Denselben Hut hatte ich dabei, als ich in meinen ersten Semesterferien nach Italien trampte, mit meinem damaligen Freund und späteren Mann. Ich spielte vor dem Schiefen Turm von Pisa, diesmal solo. Und der Hut füllte sich erstmals auch mit Geldscheinen, was allerdings der damaligen italienischen Währung und ihrer hohen Inflation zu verdanken war, weniger dem Wert meiner Kunst. Jedenfalls konnten wir ohne Geld losreisen, für Brot, Wein und Tomaten, die wir auf den warmen Steinstufen des Doms schnitten, reichte es allemal.

In Lucca, wohin wir wanderten, kam nach zehn Minuten eine Polizistin und forderte eine offizielle Straßenmusikerlaubnis. Einmal noch wich ich an einen anderen Ort aus, aber Lucca besteht im Grunde nur aus dem großen, ovalen Marktplatz, und ruckzuck stand die Polizistin wieder vor mir. Ich packte Hut und Querflöte ein, und das war's. Nur noch ein einziges Mal machte ich Straßenmusik, vor der Kleinen Meerjungfrau in Kopenhagen im November bei bissigem Ostwind. Mir taten die Finger beim

Spielen weh, und die Japaner gingen achtlos an mir und meinem Hut vorbei.

Jetzt fiel er mir wieder in die Hände. Beim Aufräumen einer Verkleidungskiste, in der meine Kinder Schwerter, Leopardenmasken und Indianerkopfschmuck horten. Ich rettete ihn auf meinen Schreibtisch. Ich könnte nicht genau sagen, warum.

Am nächsten Morgen sah mein Mann den Hut. Er grinste. Ich ging davon aus, dass er an unsere erste gemeinsame Reise nach Pisa dachte. Aber da habe ich ihm wohl zu viel Sentimentalität unterstellt. Er dachte an ein Missverständnis. (Das allerdings hatte dann doch etwas mit Pisa zu tun.) Als ich nämlich damals, bevor wir lostrampten, meinen Hut einpackte und er mich fragte, was ich damit wolle, antwortete ich: „Mit dem Hut in der Hand kommst du durch das ganze Land!" Das hat meine Oma immer gesagt, eine von vielen Lebensweisheiten, mit denen ich aufgewachsen bin. (Allerdings nicht die beste. Die beste heißt: „Gibt Gott Häschen, gibt er auch's Gräschen.") Als wir dann abends in Pisa die Tomaten schnitten, wiederholte ich ihn. Mein damaliger Freund und jetziger Mann blickte mich scheel an und wischte sich das Tomatenmesser an der Hose ab. Er war nämlich mit dem gleichen Spruch aufgewachsen. Allerdings mit einer komplett anderen Bedeutung. Hieß er für meinen Mann – und ich befürchte, das ist die richtige Interpretation –: „Wenn du höflich bist und immer den Hut ziehst, dann ist dir Erfolg und Achtung sicher", hieß er für mich: „Wenn du jemanden um etwas bittest, hilft er dir auch."

Wir stritten uns damals ein wenig darüber. „Lieber Bettler als Spießer", sagte ich. Und er sagte, dass er mich genau wegen dieser Haltung liebe. An dem Morgen im Arbeitszimmer sagte er jedoch: „Darüber solltest du mal eine Kolumne schreiben." Und hier ist sie.

Shakespeare, Dan Brown und ich

Es war einmal ein Mann, dem wurde stets übel, wenn er Gin Tonic trank. Also trank er Wodka Tonic. Ihm wurde erneut schlecht. Darauf trank er Rum Tonic, wieder wurde ihm schlecht. Und schließlich trank er Whisky Tonic – ohne besseres Ergebnis. Er schlussfolgerte: „Ich vertrage kein Tonic Water." William Shakespeare hätte vor vierhundert Jahren dazu gesagt: „An sich ist nichts gut oder böse. Erst das Denken macht es dazu." Shakespeare muss es ja wissen, gilt er doch bis heute als das Universalgenie der Literatur. Und das völlig zu Recht.

Das Problem ist nur, keiner weiß, wer Shakespeare war. Von dem berühmtesten Dichter des Abendlandes gibt es keine handschriftlichen Notizen, Manuskripte oder Tagebücher. Von dem Mann, der zu Beginn der Moderne bereits alle Motive der modernen Literatur entwickelte, gibt es lediglich eine Unterschrift und ein gemaltes Porträt. Beides, Unterschrift und Gemälde, wird einem Kaufmann aus Stratford-upon-Avon zugeschrieben. Dessen Haus kann man heute als Wohnhaus Shakespeares bei jeder Bildungsreise durch England besuchen. Allerdings war dieser Kaufmann Shakespeare, nach allem was man weiß, erstens ungebildet, zweitens ein schlitzohriger Geschäftsmann und drittens nie in London. Shakespeare der Dichter aber beherrschte mehrere Fremdsprachen und war in der klassischen Mythologie und humanistischen Philosophie bewandert. Seine Stücke zeigen eine tiefe Zuneigung für das Menschliche. Und er wirkte, lebte und arbeitete in London.

Die abenteuerlichsten Theorien kursieren deshalb über ihn. Die wahrscheinlichste ist, dass ein Adliger sich den Namen des Kaufmannes als Pseudonym zugelegt hat. Für den Mann hinter Shakespeare sind die größten Namen Englands gerade groß genug. Der

Philosoph Francis Bacon oder der Graf von Oxford, Edward de Vere, der womöglich im Auftrag von Elisabeth I. eine Art Ideologie-Hoftheater schrieb. Ja selbst eine Frau wird als der Mann hinter Shakespeare gehandelt: Königin Elisabeth I. selbst.

Aber wie war es mit dem Tonic? Vielleicht muss man die Schlussfolgerung umdrehen, und nicht jemand anderer war Shakespeare, sondern Shakespeare selbst war ein anderer. So gibt es die Theorie, dass der Kaufmann aus Stratford ein Geheimagent eines antikatholischen Secret Service war (England lag damals wegen der weiblichen Thronfolge mit den katholischen Mächten Spanien und Frankreich über Kreuz).

Wäre ich Dan Brown und würde Thriller über mystische Geheimbünde schreiben, wäre das Shakespeare-Komplott mein nächstes Projekt (jetzt, wo ich es sage, eigentlich keine schlechte Idee …). Dan Browns Bücher funktionieren nämlich genau so, wie der Tonic-Trinker denkt. Man konstruiert etwas Unglaubliches und baut die Beweiskette so auf, dass es als wahr erscheint. Was aber auf diese Weise wie eine Entdeckung anmutet, ist in Wahrheit einfach ein Spiel mit pseudologischen Indizien.

So ähnlich wie die Frau, die viele Zitate kannte: „Es war die Nachtigall und nicht die Lerche", „Einmal ist besser als keinmal, und besser spät als nie", „Ein jedes Ding muss Zeit zur Reife haben", „Römer! Mitbürger! Freunde!", „Es gibt mehr Dinge im Himmel und auf Erden, als eure Schulweisheit sich träumt", „Sein oder Nichtsein, das ist hier die Frage", „Schwachheit, dein Name ist Weib". Irgendwann las sie Shakespearestücke und fand alle Sprüche darin wieder. Und sie wunderte sich, wie jemand als Genie gelten kann, wenn er doch so viele Sprichwörter benutzt.

Hügel des lustigen Fahrens

Das Grauen für Auto fahrende Norddeutsche auf dem Weg nach Süden sind die Kasseler Berge. Nicht, weil sie besonders schwierig zu fahren sind, sondern dass es sie gibt, dass es Berge an sich gibt, ist für uns, die wir die A7 bis Hamburg oder meinetwegen bis Hannover fahren, schlicht anstößig. Man bekommt Ohrendruck, man schätzt seine Geschwindigkeit falsch ein, und obendrein fährt man plötzlich auch noch durch Schneeregen. Nicht, weil das Wetter schlechter geworden wäre, sondern nur, weil sich die Höhe verändert hat und der Regen gefriert.

Uups – was habe ich geschrieben? „Der Regen gefriert"? Selbstverständlich ist es genau andersherum. Schnee taut beim Fallen in die Niederungen. Moment. „Selbstverständlich" ist das so? Wenn etwas so „selbstverständlich" ist, hätte ich es kaum verkehrt geschrieben.

Die Antwort ist keinesfalls selbstverständlich: Sprache und Logik sind nicht deckungsgleich. Und leider ist es nicht so, dass die Sprache die Logik nachformt, Worte die Wirklichkeit nachbilden, Laute die Natur nachahmen. Wenn schon, dann ist es eher umgekehrt. Wenn Schafe blöken, dann hört es sich zwar an, als ob sie „mäh" sagen, aber sie sagen es eben nicht, es hört sich nur so an. Und es hört sich so an, weil die Sprache der Schafe bis dato unbekannt ist. Genauer wäre sogar zu sagen, es hört sich für uns so an, als ob sie blöken. Hähne zum Beispiel machen in Deutschland „kikeriki", in England „cock-a-doodle-doo", in Polen „kukuryku" und auf den Philippinen „tiktalaok". In jeder Sprache scheinen sie anders zu klingen, ja, sie scheinen sogar die Sprache zu wechseln, wenn man sie in ein anderes Land bringt.

Bittet man einen Westeuropäer, einen Vogel zu zeichnen, zeichnet er eine Amsel, vielleicht noch einen Spatz. Niemand würde einen Reiher oder einen Bussard zeichnen. Wenn man sagt „Du hast einen Vogel", dann stellt sich niemand eine Eisente vor. Das wird allerdings in der Arktis anders sein. Vermutlich aber haben die Inuit gar keinen ornithologischen Ausdruck für „verrückt sein", sondern bezeichnen diesen Zustand ganz anders. Dafür haben sie über zehn verschiedene Ausdrücke für die Farbe Weiß und zwanzig für Schnee. Das heißt, ihre Welt sieht anders aus, als sie für uns aussieht.

Durch die Sprache verändert sich die Weltsicht. Das weiß jeder, der sich genauer mit einem Thema beschäftigt. Ist man leidenschaftlicher Koch, gibt es plötzlich nicht mehr „die Kartoffel", sondern sie hört auf über vierzig Namen. Sich mit einem Weinkenner über Rotwein zu unterhalten, das ist fast so, als spräche man mit einem Inuit übers Schlittenfahren. Und Kinder verabscheuen Grünkohl mit Pinkel oder Blutwurst, Sülze oder Grütze, allein weil die Gerichte so heißen, wie sie heißen.

Ja, selbst „Junge" und „Mädchen" sind keine Begriffe, die eins zu eins auf die Wirklichkeit passen, sondern diese für uns formen. Nachgewiesen ist, dass Eltern ihre Babys schon von der ersten Minute an je nach Geschlecht unterschiedlich behandeln, meist unbewusst. Wird das gleiche Kind einmal in Rosa (für Mädchen) und einmal in Blau (für Jungen) angezogen, bewegen die Eltern den „blauen Jungen" heftiger als das „rosa Mädchen", ihre Stimme ist weniger zärtlich, dafür tiefer, sie benutzen andere Worte, beschreiben das gleiche Kind in Blau als stark und kräftig, in Rosa als zart und süß.

Und wie ist es mit den Kasseler Bergen? Würde ich entspannter dort entlangfahren, wenn sie „Norddeutsche Höhen" hießen? Oder „Hügel des lustigen Fahrens"?

Nee

Stress gibt es im Moment interfamiliär besonders mit meinem Großen (nein, nicht mit meinem Mann, der ist zwar größer als mein Ältester, aber benimmt sich halbwegs pfleglich). Meine Söhne aber zanken sich im Moment permanent, und das liegt nach meiner mütterlichen Beobachtung daran, dass mein Ältester stets und ständig widerspricht (nicht mir, im Gegenteil, mit mir redet er zunehmend erwachsener). Sagt einer: „Bayern München ist Rekordmeister", kommentiert er postwendend: „Nee." Sagt einer: „Die sechste Stunde fällt morgen aus", ist die Antwort: „Nee." Und behauptet gar einer, im Radio hätten sie Sonne angesagt, ist der Kommentar: „Nee." Stets und ständig Widerspruch. Und der fordert mein Einmischen heraus, und ich mische mich ein und weise ihn zurecht, und ratzfatz haben alle schlechte Laune.

Bis mich mein Jüngster neulich aufgeklärt hat. „Nee" bedeutete nicht „nein", wie ich offensichtlich glaubte, sondern so was wie „echt?", „wirklich?", „ist ja 'n Ding". Das wurde von allen anwesenden Söhnen bestätigt und mir damit die Grundlage für mütterliche Autorität seit gefühlten fünf Monaten entzogen. Mein Zurechtweisen, mein Schimpfen, meine Drohungen – alles für die Katz. Weiterhin führten meine Kinder aus, dass sie sich mitnichten stritten, auch wenn sich das für mich so anhöre, sondern sich unterhielten. Und gewisse Kraftausdrücke, die vor allen Dingen meinen Mann regelmäßig auf die Palme bringen, seien eher freundschaftlich gemeint. Kurzum: Wir, die Eltern, würden sie, die Kinder, einfach nicht verstehen.

Sprache verändert sich offenbar. Nicht nur entstehen Worte neu – Flatrate, LAN-Party, surfen, simsen, downloaden, twittern, Blog –, auch veralten alte. Welches Kind versteht heute noch „Jemanden an der Strippe haben"? Oder welcher Zug macht heute noch „tsch-tsch-tsch"? Züge summen heute elegant und leise. Und was ein „Pfennigfuchser" ist, wird schon deshalb bald niemand mehr verstehen, weil es den Pfennig nicht mehr gibt. „Knorke" oder „dufte" heißen heute „voll krass" oder „mega". Der Duden hat in seiner neuesten Ausgabe Worte wie „beleibzüchtigen" oder „Selbstwählferndienst" gestrichen – selbst die Belesensten der Älteren werden diese Worte kaum je benutzt haben.

Unter dem Strich aber wächst die Sprache. Und sie wächst nicht nur an Worten, sondern verändert auch ihre Betonung. Ich weiß nicht genau, wann es anfing, aber seit ein paar Jahren sagen viele Menschen „buchhalterisch" mit langem „e" und Betonung auf der dritten Silbe. Als ich Kind war, wurde das Wort noch mit Betonung auf der ersten Silbe und kurzem „e" gesprochen. Und offenbar heißt „nee" heute nicht nur „wirklich", sondern man geht auch mit der Stimme nach unten, statt sie zur Frage anzuheben, was der Unterhaltung in meinen Ohren einen extrem nöligen Klang gibt und noch dazu missverständlich ist.

Aber schon immer haben sich Generationen über die Erfindung einer neuen Sprache definiert. Man kann fast sagen, dass kulturelle Entwicklung und Umformung von Ausdrücken und Aussprachen Hand in Hand gehen. Nur zu wiederholen, was andere bereits gesagt haben, ist für niemanden, schon gar nicht für Alterskohorten, ein angesagtes Verhalten. Individualität bedeutet auch Bruch mit dem Vorgegebenen.

So ist es weder ein Wunder, dass meine Kinder ein verändertes Deutsch lernen, noch dass ich nicht auslerne. Das ist eigentlich eine gute Nachricht. Wenngleich die Lektion, mit der ich sie gelernt habe, extrem nervenzehrend war – für mich und für meine Kinder.

Käpt'n, mein Käpt'n

Als ich Mutter wurde, beschloss ich, mich zukünftig an einige Mottos zu halten. Zum Beispiel: Keine Prüfungen mehr in meinem Leben. Das hing sicher eher mit dem Zeitpunkt meiner Mutterschaft zusammen als mit dem Mutterwerden selbst. Gerade hatte ich meine Magisterprüfung abgelegt, hatte Vokabeln gebüffelt, das Latinum nachgeholt, Systemtheorie und andere schwer aussprechbare Schriften intus. Und irgendwie war da das Gefühl, ab jetzt würde das Leben Prüfung genug sein, endlich, und andere, theoretische, brauchte ich nicht mehr. Bis zu diesem Jahr hat das Motto gehalten. Ich habe es ironischerweise aus Mutterliebe gebrochen, weil nämlich meine Jungs ihre Liebe zum Meer entdeckten und mein Mann sich strikt weigerte, seinen Mottos (was immer die sein mögen) untreu zu werden.

Ich machte einen Sportbootführerschein. Mann-über-Bord-Manöver, anlegen, wenden … das machte Freude auch bei rauer See und schlechtem Wetter. Aber was ist mit Fragen wie: „Welches Gesetz und welche Verordnung enthalten neben der Seeschifffahrtsstraßen-Ordnung und der Schifffahrtsordnung Emsmündung Vorschriften über das Verhalten nach einem Zusammenstoß und bei sonstigen schaden- und gefahrdrohenden Vorkommnissen?", oder: „Was beinhaltet Absatz 1 der Grundregeln der Verordnung zu den Kollisionsverhütungsregeln (KVR), der Seeschifffahrtsstraßen-Ordnung (SeeSchStrO) und der Verordnung zur Einführung der Schifffahrtsordnung Emsmündung über das Verhalten im Verkehr?" Selbst Antworten auf einfache Fragen wie „Was ist eine Peilung?" fielen im Schifffahrtskauderwelsch so aus: „Das Feststellen der Richtung eines bekannten feststehenden Objekts durch Winkelmessung um eine Standlinie zu erhalten, auf der sich das Schiff befindet." Das ist nicht lustig.

Und plötzlich büffelte ich Worthülsen wie seit fünfzehn Jahren nicht mehr. Erstaunliche Erkenntnis, dass ich erst mal wieder lernen musste zu lernen, und noch erstaunlichere Erkenntnis, dass es schließlich Spaß machte. Nicht unbedingt das Wissen und die Antworten auf die Fragen, aber das Wissen zu beherrschen, das war ein gutes, vergessenes und stolz machendes Gefühl.

Vor allen Dingen aber gab es einen Retter, der die Theoriestunden zu einem Höhepunkt der Woche machte: mein Lehrer, Kapitän von Beruf und begnadeter Seebär aus Berufung. Ich weiß nicht, ob es ihm recht ist, wenn ich seinen Namen erwähne, also tue ich es nicht und nenne ihn nur „mein Käpt'n". Aber diese Kolumne ist für ihn und sein Denkmal. Denn mein Käpt'n kannte die unglaublichsten Geschichten, die spektakulärsten Anekdoten, ein Arsenal für Kolumnen bis zum nächsten Winter und Wintergeschichten bis zum Sommer. Da wusste er zu erzählen, dass es bis zum Untergang der Titanic keine verbindliche Regelung für Seenotrettungssignale gab, und als das Schiff unterging und seine Leuchtfeuer abschoss, wurde das sehr wohl von anderen Schiffen bemerkt, nur als rauschendes Fest samt Feuerwerk missinterpretiert. Und da ist die Geschichte von Alexander Behm, dem Erfinder des Echolots, der auf dem Sankelmarker See seine zündende Idee hatte, sich später aber zum lupenreinen Nazi entwickelte und deshalb ohne Andenken blieb.

Jetzt wird es Sommer. Die langen Winterabende in der Baracke am Hafen erscheinen wie aus einer anderen Welt, wie Seemannsgarn, gesponnen von einem Lehrer, den ich „mein Käpt'n" nenne. Möge er immer eine Handbreit Geschichten unter dem Lehrbuch haben.

Nächtliche Stille

Nach gefühlten hundert Jahren Kindergeburtstagen mit Brezel-
beißen und Verkleiden feierten wir diesmal anders, fast schon wie
Erwachsene. Die Gäste kamen erst abends um sechs, sie tobten
und rannten bis um acht, dann gab es Picknick im Garten, dann
eine Wasserbombenschlacht, dann eine Nachtwanderung, die
uns gegen elf Uhr durch die Dämmerung zurückführte in den
Garten, wo inzwischen ein Zelt stand, in dem die gesamte
Geburtstagsgesellschaft schlafen sollte.

Während wir spazieren gingen, etwa gegen halb elf, stellte sich
eine Ruhe, ein Frieden ein, von dem ich zwar wusste, dass es ihn
gibt – und zwar jeden Abend –, den man aber im Trubel des Alltags kaum wahrnimmt. Die Vögel hielten mit dem Ende der
Dämmerung ihren Schnabel, die Luft wurde weich, der Wind legte sich, die Bäume hörten auf zu rauschen, die Fledermäuse stell-
ten die Jagd ein. Nur die halbstarken Kälber tollten noch über die
Koppel, als sie unsere Geburtstagsgesellschaft kommen sahen.
Jungbullen sind eben auch nur Männer. Aber insgesamt war es,
als atmete der Tag aus.

Mir ging der Anfang von Georg Trakls großartigem Gedicht „Verfall" durch den Kopf, jener Teil, der den Frieden beschwört, bevor
der Tod ihn zunichte macht:

Am Abend, wenn die Glocken Frieden läuten,
Folg ich der Vögel wundervollen Flügen,
Die lang geschart, gleich frommen Pilgerzügen,
Entschwinden in den herbstlich klaren Weiten.

Hinwandelnd durch den dämmervollen Garten
Träum ich nach ihren helleren Geschicken
Und fühl der Stunden Weiser kaum mehr rücken.
So folg ich über Wolken ihren Fahrten.

Das hatte ich in der Schule gelernt und wusste es noch. Und genauso lange schien es her zu sein, dass ich draußen geschlafen hatte. Nicht im Zelt, sondern unter freiem Himmel, unter dem Sternenzelt sozusagen.

Kaum hatte ich die Geburtstagsgesellschaft im Schlafsack und mich selbst vors Zelt gelegt, wollte sie es mir gleich tun. So schliefen wir alle draußen. Die Nacht gab das her. Friede, Ruhe, Stille. Es war Mitternacht.

Plötzlich plumpste etwas vom Baum. Unsere Katze. Dumm nur, dass sie mitten in der Spielzeugkiste landete, die da sonst nicht stand. Dann jagte sie mit der Nachbarkatze unsichtbare Mäuse, mit Höchstgeschwindigkeit über unsere Schlafsäcke. Alle waren wieder wach und mussten erst mal aufs Klo. Danach wieder Ruhe. Plötzlich ein Schnauben, ein Prusten und dann ein Schmatzen und schließlich ein Geräusch, das ich nicht beschreiben möchte. Mir war nicht klar, dass Pferde nachts fressen, und auch nicht, dass sie es so laut tun und auch gleich verdauen (nicht minder leise). Gegen zwei Uhr hopste eine fette Kröte über meine Hand. Ich musste mich zusammenreißen, um nicht aufzuschreien. Ich hielt die Luft an, hielt die Stille.

Aber die Natur war weit weniger diszipliniert. Gegen vier Uhr hatten die Vögel ausgeschlafen. Und die Geburtstagsgäste auch (glaubten sie jedenfalls). Nur ich nicht. Ich schreibe diese Kolumne, während die Kinder in den Mittagsschlaf fallen, für den sie sich eigentlich als zu groß erklärt haben. Jetzt, endlich, ist Ruhe. Mitten am Tag.

Testbild meiner Generation

Wir hatten neulich Besuch einer befreundeten Familie. Die Kinder waren schnell verschwunden. Das war zwar irgendwie beunruhigend, aber eigentlich waren wir auch froh drum und setzten uns in den Sommerabend, nur gestört von dem starken Ostwind, der nun schon seit Wochen weht und auf den Schleswig-Holstein irgendwie nicht eingestellt ist. Häuser, Veranden, Pagoden, sie alle stehen plötzlich verkehrt herum.

„Verkehrt herum", das ist das Stichwort, auch für Gespräche, wie sie Freunde führen, die sich nach elf, zwölf Jahren wiedersehen. Früher redeten wir über die Zukunft. Beruf unsicher, Kinder nicht in Sicht oder Planung, ob die Beziehung halten würde nicht ausgemacht. Alles war ungewiss. Jetzt bewegte sich das Gespräch in die andere Richtung auf der Zeitachse. Wir sprachen von früher. Nicht davon, dass alles hätte anders kommen können, ein besserer Beruf, ein nicht erfüllter Traum, ein anderer Partner. Wir sprachen darüber, dass wir unsere ersten Arbeiten im Studium noch auf einer Schreibmaschine getippt hatten. Wir sprachen über Langspielplatten, die damals siebzehn Mark kosteten, und dass CDs sie dann verdrängten und, obwohl sie hundertfach billiger zu produzieren sind, heute zwanzig Euro kosten. Wir sprachen darüber, wie die Erfahrung, eine Platte nach vier oder fünf Liedern umzudrehen und den Staub aus den Rillen zu wischen, ein Leben bestimmen kann.

Vielleicht markieren solche nostalgischen Momente wie dieses Gespräch eine Umkehr im Leben, eine Art Besinnung, bevor Neues kommt. Aber was wird dann die Generation machen, die es gewohnt ist, nicht nur eine CD mit zehn Liedern, sondern einen iPod mit zweihundertfünfzig Liedern in Endloswiederholung zu hören? Kann sie einmal innehalten?

Und wir sprachen über das Testbild im Fernsehen, das es früher gab. Um dreiundzwanzig Uhr dreißig war Sendeschluss. In einer meiner ersten Kurzgeschichten beschrieb ich den Moment, beim Fernsehen eingeschlafen zu sein und vor diesem Testbild aufzuwachen, mit dem unterlegten Piepton im Ohr. Unvorstellbar heute. Den Moment völliger Verlassenheit vor dem Testbild haben wir eingetauscht gegen immerwährende Gesellschaft.

Fragt sich, was trostloser ist. Das Internet macht Telefonbücher überflüssig und Wikipedia den Brockhaus, auf den wir mal so angewiesen waren, Chatrooms den Liebesbrief und das Navigationssystem das Blättern in Karten. Und damit verschwindet auch ein Stück Lebensgefühl. In Frankreich auf einer staubigen Feldstraße oder in Mölln in der Altstadt stehen und sich auf der Landkarte wiederfinden, irgendwie ist es wie das Umdrehen einer LP. Ein kurzer Moment der Orientierung, ein Innehalten.

Im Grunde aber weiß ich, dass das alles Quatsch ist. Auch iPod-Hörer sind romantisch. Im 18. Jahrhundert machten sich die alten Männer ernsthaft Sorgen, dass nun die Jugend verkommen würde, weil sie zu viel las. Jede Zeit hat ihre Kultur und Muße, und Besinnung entsteht aus ihr heraus.

Plötzlich waren die Kinder da. Sie waren auf Bäume geklettert und an der Au gewesen. Jetzt fragten sie, ob sie Computer spielen dürften. Die Gastkinder hatten einen eigenen Laptop mit und fragten nach dem WLAN-Anschluss und der Key-Nummer. Ich zeigte ihnen den Code und dachte, sie würden sich die Zahlen abschreiben. Aber das taten sie nicht. Sie zogen ein Handy aus der Hosentasche und machten ein Foto davon, um dann die Ziffern vom Foto zu übertragen. Vielleicht bin ich doch altmodisch.

Alltägliche Abschiede

Vor ungefähr zwei Jahren war es so weit. Mein jüngster Sohn war so groß geworden, dass er ein kleines Privatleben entwickelte und mir peu à peu mehr Zeit für meine eigenen Belange ließ. Die Kindervollzeitbetreuung neigte sich dem Ende zu. Eine Lebensphase, die dann doch zehn Jahre gedauert hatte, wurde abgelöst von einer neuen, verheißungsvollen.

Ich fing an, mich wieder in die Außenwelt zu mischen, mich wegzubewegen vom häuslichen Schreibtisch und Alltag. Ich lernte neue Menschen kennen, es entspannen sich viele Beziehungen, die nicht nur fruchtbar und kreativ, sondern auch ausgesprochen nett waren. Aber immer gepaart mit einem bestimmten Projekt. Und Projekte gehen zu Ende. Leute, mit denen man phasenweise viel und intensiv zusammen war, verschwinden einfach aus dem Leben, obwohl sie gar nicht weit weg und eigentlich noch da sind.

Bisher war das nicht weiter schlimm, ganz normal eben. Als ich den Sportbootführerschein gemacht habe zum Beispiel, hatte ich eine gute Zeit mit einigen sympathischen Menschen und meinem Käpt'n. Nach der Prüfung war das natürlich vorbei, erwartbar und auch ersehnt. Trotzdem weiß ich, wenn ich abends in Flensburg bin, dass im Hafenbecken gerade Fahrstunde ist. Die Erinnerung ist wie eine Narbe auf meinem Bewusstsein, etwas Abwesendes.

Das gleiche Gefühl gibt es auch andersherum. Eine Freundin erzählte mir neulich, dass sie ihre ehemalige Firma besucht habe, wo sie jahrelang gearbeitet hatte. Sie war ein Teil des Betriebes gewesen, hatte mit den Ereignissen dort gelebt und ihre Lebenszeit dort verbracht. Eine schöne Zeit, wie sie fand. Sie war etwas betroffen, weil die Lücke, die sie hinterlassen hatte, so vollkommen geschlossen war, sie so gar keine Spuren hinterlassen hatte, als wäre sie nie dort gewesen. Man wird zu einer Erinnerung.

Etwas Ähnliches erlebe ich momentan auch, einen Abschied, der seine traurigen Schatten schon etwas länger vorauswirft, obwohl ja eigentlich gar nichts Schlimmes passiert. Vor zwei Jahren beschloss ich, Gesangsunterricht zu nehmen. Rockgesang, genauer gesagt. Und wo sonst, wenn nicht bei Rockvoice, der einzigen Rockgesangsschule im Norden. Ich habe unheimlich viel gelernt seitdem, nicht nur über meine Stimme und mich, ich habe natürlich auch meinen Gesangslehrer kennengelernt. Wir haben zwei Jahre lang jede Woche eine Stunde miteinander verbracht, für mich fast schon ein Ritual. Wir haben nicht nur gearbeitet und gesungen, sondern auch geredet. Wir waren quatschig oder haben uns unterhalten wie erwachsene Leute. Ich hab gesehen, wie man noch so sein kann, wenn man nicht grad so ist wie ich oder wie die Menschen, die ich gut kenne. Es gab erfolgreiche Phasen, gestresste Phasen, schwierige Phasen. Mein Gesangslehrer hat mich durch alle begleitet. Das verbindet.

Nun ist es für mich so weit, mit dem Unterricht aufzuhören (nicht, weil ich so besonders gut geworden wäre). Ohne dieses Ritual jedenfalls gewinne ich nicht nur Zeit, sondern auch eine neue Erinnerung. Ich werde mich bald verabschieden, nicht mehr wiederkommen und doch immer wissen, dass in Adelbylund gerade Gesang unterrichtet wird. Ich werde damit nichts mehr zu tun haben. Die Zeit dort hat mir neue Türen geöffnet, jetzt muss ich nur noch lernen, die Türen hinter mir auch zu schließen. Und ich werde nicht mehr mit meinem Gesangslehrer Kaffee trinken und klönen. Ich werde es wahrscheinlich nie wieder tun. Das ist traurig. Und doch nur Alltag.

Aushalten des großen Kuddelmuddels

Heinrich von Veldeke war ein mittelalterlicher Dichter. Sein bekanntestes Werk ist der Eneas-Roman, sozusagen die Fortsetzung des homerischen Epos mit deutschen Mitteln. Wobei, „deutsch" waren sie gar nicht, eher „mittelhochdeutsch", eine literarische Kunstsprache des höfischen Adels. Nur leider ist gar nicht sicher, dass Heinrich Mittelhochdeutsch beherrschte. Der Eneas-Roman ist eine Abschrift. Andere Schriften aus seiner Hand sind auf Limburgisch überliefert, sodass Forscher eine Zeit lang der Meinung waren, auch der Eneas-Roman sei in der mutmaßlichen Mundart seiner Heimat verfasst. Und sie rückübersetzten ihn, um das Original zu imitieren. Es entstand ein Text, den es so nie gegeben hat. Die Idee, den Ursprung zu rekonstruieren, wurde zu einer abenteuerlichen Fiktion.

Wie entstand die Welt? Am Anfang war, so lehrt die Physik, der Urknall, die Einheit von Masse, Raum und Zeit, aus der erst Raum und Zeit entstanden. Klingt irgendwie wie die Schöpfungsgeschichte, nach Wunder oder Gott. Vorstellen kann man sich eine Verdichtung ohne Raum, Zeit oder Materie jedenfalls nicht, und so eine richtig gute Erklärung, wie alles anfing, scheint mir das auch nicht zu sein. Denn wie sollte etwas aus nichts entstehen? Die Idee, den Ursprung der Welt gegen die Religion physikalisch zu erklären, führte zu einer mythischen Formel, deren Ergebnis immer länger auf sich warten lässt.

Bekannt ist, dass viele alte Kulturen, vor allem die rund um das Mittelmeer, ähnliche Grundmuster in ihren Legenden haben. Ein göttliches Kind, ein ausgesetztes Kind, eine Sintflut, Kometen als Boten von Unheil, jungfräuliche Geburten – woher stammen diese erstaunlichen Parallelen? Es wurde ein Urmythos ersonnen, eine Zivilisation vor allen anderen Zivilisationen, Atlantis, dessen

Untergang durch einen Kometeneinschlag besiegelt wurde. Die damit einhergehende Flutwelle grub sich als Sintflut ins Gedächtnis der Menschheit ein. Um die Legenden zu erklären, wurde eine neue Legende ersonnen – eine fiktionale Rolle rückwärts, ganz wie bei Heinrich von Veldeke.

Aber könnte es nicht auch sein, dass verschiedene Kulturen die gleichen Erzählmuster für ganz unterschiedliche Ereignisse fanden? Dass Wasser und Überschwemmungen als Strafe für Sünden begriffen wurden, kann so universell sein wie das Inzestverbot. Wissen wollen ist das eine. Das andere ist die Fixiertheit, das Starre, der Glaube an die Einmaligkeit, Unteilbarkeit und Einzigartigkeit von Ursprüngen. Viel beruhigender finde ich, dass alles immer irgendwie ungeordnet war, ein großes Kuddelmuddel, das man aushalten muss und nicht künstlich auf einen Ursprung zurückführen sollte. Ich glaube nämlich, dass das Festlegen auf eine klare und eindeutige Wahrheit eines der Grundübel ist, die unsere Leben so schwierig machen.

Neulich stritt ich mich mit einem mir sehr lieben Menschen. Es war ein dummer Streit um nichts, was Bedeutung hätte. Aber wir steigerten uns hinein, weil wir beide immer weiter analysieren wollten, wer denn eigentlich Schuld habe, wer denn angefangen hatte, wer denn als Erstes einen Fehler gemacht hatte. Aber wie weit sollten wir zurückfragen? Bis an den Anfang des Streits? Bis zum Mittag, wo wir dem Streit noch ausgewichen waren? Bis zu unserem letzten Treffen vor zwei Jahren, weil wir ihn da nicht führten? Das kommt zu keinem Ende und ist eben deshalb sinnlos. Der Glaube an eine eindeutige Wahrheit bedeutet meistens nichts anderes, als dass man Schuld auf sich lädt.

\

Sommerregen

Ist das nun ein Jahrhundertsommer, wie in den Zeitungen angekündigt wurde, oder nicht? Ich bin eigentlich ganz zufrieden mit dem Wetter. Obwohl es gerade wie aus Eimern schüttet.

Wenn ich aus dem Fenster schaue, dann sieht es nach November aus – nur die grünen Blätter stören. Und wenn man vor die Tür tritt, ist die Luft warm. Überraschend warm. Und sie riecht überraschend würzig. Und wenn der Regen auf den warmen Asphalt fällt, dann verdampft er mit diesem unvergleichlichen Geruch von Staub und Teer. Der Rasen, der im Mai verdorrt war, muss wieder gemäht werden, die Rosen haben sich von der Trockenheit erholt, von den Blättern der Büsche und Bäume fallen fette Tropfen. Wachstum und Erdschwere, wohin man schaut.

Dank des Regens habe ich sogar ein kleines Wunder gesehen, das ich bis dahin nur aus der Zeitung kannte: einen kreisrunden Regenboden. Ein Bogen um die Sonne, dessen Anfang und Ende sich trafen, ein Regenzirkel sozusagen. Selbst in Irland, wo es jede Menge Regenbogen gibt, habe ich so etwas noch nicht erlebt. Dabei ist Irland, so sagten mir die Einheimischen, als ich dort einmal ein nasses Jahr lang lebte, das Land, in dem es am häufigsten aufhört zu regnen. Das ist auch eine Einstellung. Eine andere ist, den Regen hinzunehmen. Was bleibt einem sonst übrig?

Den Kindern jedenfalls scheint der Regen dieses Jahr nichts auszumachen. Auch wenn sie zu groß sind, um in Pfützen zu baden. Neulich schlugen sie vor, im Regen ins Freibad zu fahren. Von oben und von unten nass, was macht's? Wir waren die einzigen Gäste, und während ich meine Bahnen zog, tobte die nächste Generation im leeren Pool. Das Wasser war wärmer als die Luft, und im Regen zu schwimmen hat mich auf eine melancholische

Weise an meine eigene Kindheit erinnert. Wobei ich, glaube ich, nie im Regen in einem Freibad war.

Aber der Regen selbst, der ist schon wie eine Erinnerung. All seine Metaphern und feststehenden Begriffe – „Tränen des Himmels", „Die Welt versinkt im Regen", „Regentage des Lebens" –, sie haben etwas Trauriges, etwas, das nach Vergehen klingt, das mich an Irland denken lässt, an eine Zeit, als so viel Neues passierte und alles gleich wichtig schien, sodass man keine Ruhe fand, über sein Leben nachzudenken. Und doch machte man den ganzen Tag irgendwie auch wieder nichts anderes als jetzt. Ein bisschen ist Jugend wie der Regen selbst, verschwenderisch und vergänglich. Ich erlebe ihn in diesem Sommer als eine Kraft, fast als eine Gewalt, als ein Element, das sich nimmt, was es will, dem Ferienpläne und Urlaubszeiten schnurz sind, das den Alltag bestimmt. Beim Fahrradfahren innerhalb weniger Sekunden bis auf die Haut durchnässt zu werden zum Beispiel. Wann wurde man das letzte Mal so überrascht? Ist das nicht eigentlich etwas Gutes?

Wenn es regnet, dann werden die alten Gesellschaftsspiele herausgezogen, dann wird gelesen und vorgelesen, dann wird sich mit gutem Gewissen gelangweilt. Und wenn er dann aufhört, der Sommerregen, dann schmeckt die Luft wie frisch gewaschen und man rennt barfuß durch das nasse Gras. Und wenn dann noch die Sonne rauskommt, die Tagestemperatur sich plötzlich erhöht, wenn die nassen Haare und die kalten Füße trocknen, man Wäsche aufhängen und Radtour-Pläne schmieden kann, dann entfaltet der Sommerregen seine ganze Pracht: Das Beste daran ist, wenn er aufhört.

Der Umgang mit Protest

Ich habe eine Zeit lang in Roskilde in Dänemark studiert. Roskilde kannte ich eigentlich nur vom sagenumwobenen Festival. (Ich kannte mal einen, der lud sich seinen Ford Granada bis unters Dach voll Bier, fuhr nach Roskilde, verkaufte das Bier in zehn Minuten an die Gäste und hatte dann genug Geld für die Festivalkarten.)

In Roskilde aber gibt es auch eine Uni, genauer gesagt ein Universitätszentrum. Es wurde in den siebziger Jahren aus dem Protest heraus gegründet, aus Unzufriedenheit mit dem mittlerweile sprichwörtlichen Muff unter den Talaren. Der dänische Staat hat die jungen, linken, vielleicht wirrköpfig scheinenden Studenten nicht verdammt und in die Wüste geschickt, sondern gesagt: Ihr wollt eine andere Uni, okay, hier ist Geld, beweist uns, dass sie besser funktioniert.

Ob sie besser funktioniert, weiß ich nicht, aber anders funktioniert sie auf jeden Fall, zumal wenn man wie ich zuvor in Freiburg studiert hat, wo der Dünkel groß ist und alle viel von sich halten. In Roskilde sind die Hierarchien flach, die Professoren begreifen sich als Lernende, die Studierenden lernen, wie man Wissen erwirbt und nicht, was vermeintlich gewusst werden muss. Die in der Informationsverwaltung geschulten Studenten sind sehr gefragte Arbeitskräfte, was irgendwie auch eine List der Geschichte ist für eine linke Uni – dass sie nun ausgerechnet die dem Kapitalismus dienlichsten Absolventen produziert. Aber das wird vonseiten der Universität samt allen Beteiligten bejaht. Das ist eine sehr andere Haltung als in Deutschland, wo so etwas wie konstruktiver Protest entweder als angepasst oder als Schwäche gilt. Und wo der Mut, der anderen Seite Recht zu geben, nicht sehr ausgeprägt ist.

Die Nachbarstadt Kopenhagen boomt. Überall wird neu gebaut. Die Sahnestücke sind wie in jeder Stadt die Hafenlagen am Wasser. Neben dem „Schwarzen Diamanten", einem Kasten aus schwarzem Glas, stehen große Stelltafeln für eine neue Hafenbebauung. Gleich dahinter hat eine Gruppe Künstler zwei Werkstatt-Wohn-Container aufgestellt, auf Styroporplatten treibt ein Mini-Museum im Hafen, man kann mit witzig dekorierten Tretbooten kostenlos durch die Stadt schippern, wenn man hinterher seine Eindrücke von der Fortbewegung im Wasser auf einer alten Reiseschreibmaschine formuliert. Auf den Containern steht „Der Hafen gehört allen!", und die Kleiderordnung und das kreative Chaos sprechen die Sprache des Protestes, die Sprache von Christiania, Kopenhagens autonomem Stadtbezirk.

Als ich die Leute dort fragte, ob sie gegen die Bebauung der Hafenlinie seien, schüttelten sie den Kopf. Sie wollten lediglich darauf hinweisen, dass man auch Freiräume für Kunst, Kreativität und Menschen lassen müsse. Die Neubauten seien sonst so weit okay. Ich glaube, nein ich weiß, in Deutschland, in der Hamburger Hafenstraße, wäre die Antwort anders ausgefallen. „Schweinesystem" wäre das Mindeste gewesen. Und woher sie das Geld für ihr Projekt hätten, fragte ich. „Vom Staat natürlich", antworteten sie. Ich war sprachlos. Ich glaube, nein ich weiß, in Deutschland hätte kein Ministerium einer Gruppe langhaariger, unrasierter Künstler mit unklarer ästhetischer Haltung Geld für den Protest gegen einen geplanten Neubau gegeben. Man hätte viel zu viel Angst, dass sich das Projekt verselbstständigt, man einen Gegner unterstützt, den man lieber loswerden oder zumindest ignorieren würde.

Ganz offenbar liegt die Verantwortlichkeit dafür, ob Protest gut oder schlecht wird, auf beiden Seiten.

Die leere Hand der Kindheit

Wer noch nie mit seinen Kindern Steine ins Wasser geworfen hat, der war noch nie an einem Strand. Fast magisch fordert einen das Wasser heraus, einen Stein hineinzuwerfen. Ist die See ein Spiegel, soll der Kiesel ihn zerbrechen. Man sieht den weiter werdenden Kreisen nach und hofft, dass einen Wasserspiegel zu zerschlagen nicht sieben Jahre Unglück bringt, wie es bei einem Spiegel aus Glas angeblich der Fall sein soll. Ist die See kabbelig und wirft sich in Wellen an den Strand, werden die Steine zu Sperrfeuer, die den Angriff des Meeres abwehren sollen. So oder so ähnlich erlebt es wohl jeder. Meist folgt dem ordinären Steinewerfen eine zweite, anspruchsvollere Stufe, die des Flipperns. Und wie ein Stein auf der Oberfläche des Wassers davonhüpft, gehört zu dem Erstaunlichsten, was man auf dieser Welt sehen kann.

Dann, wenn sich die Erfolge eingestellt haben oder auch nicht, spielt man Weitwurf. Meist durch den männlichen Gestus „Keiner-kann-weiter-als-ich" initiiert. Gute Männer verlieren dann aber gegen ihre Kinder. Und um die kindliche Freude noch zu überbieten, nehmen sie gewaltigen Anlauf, stoßen einen Urschrei aus, schleudern den Arm nach vorn und blicken dem Stein nach, die Hand schirmt die Augen ab. Und immer weiter wird ihr Blick, und kein Einschlag im Wasser verrät die Landung. Und dann, wenn die Kinder auf den Horizont schauen, macht es plötzlich vor ihren Füßen „platsch"; und der stolze Werfer verkündet: Der muss einmal um die Welt geflogen sein.

Der Trick funktioniert aufgrund der Täuschung, die jeder Zauberer macht. Man muss einen Affenzirkus veranstalten, brüllen und gigantische Armbewegungen vollführen, damit die Aufmerksamkeit nicht mehr auf Hand und Kiesel ruht. Wenn die Armbewegung nach vorne geht, ist der Stein schon weg, zwischen den Fingern durchgerutscht, während sie am weitesten ausholt. Der große Wurf ist kein Wurf. Und das ist ein Bild für die Kindheit selbst. Kindheit, das scheint mir eine Erinnerung an etwas, das es so nie gab. Die heile Welt, die Sicherheit der Erwachsenen, die Unbeschwertheit der Zukunft.

Am Abend nach dem Tag am Strand sahen wir eine Gruppe Männer. Einer hatte eine Erbse unter drei Schachteln versteckt. Man musste große Geldscheine setzen, wenn man raten wollte, wo sie sich befand. Vermutlich liefen seine Kollegen durch die Schaulustigen und sammelten die Geldbörsen derjenigen ein, die nicht setzen wollten. Es stank zum Himmel. Die anderen, die so offensichtlich zu ihm gehörten, dass es wirklich jedem auffallen musste, setzten Geld und gewannen ab und zu. Sobald aber ein Tourist kam und setzte, hatte er keine Chance mehr, das Geld war weg, und in Windeseile waren es die Männer auch.

Der Trick ist so alt wie der Betrug. Die Erbse wird schon bei der ersten Bewegung aus der Schachtel geschoben. Unter den Schachteln ist nichts. Es gleicht der elterlichen List am Strand. Eigentlich verstehe ich nicht, dass es tatsächlich Erwachsene gibt, die darauf hereinfallen. Noch dazu bin ich ärgerlich über die Dreistigkeit der Betrüger, die am helllichten Tage vor den Augen meiner Kinder verbotene Dinge tun. Und mich dazu zwingen, den Trick zu erklären.

Verschaukelt und seekrank

Früher gab es Butterfahrten, und einmal machte ich eine mit. Es war guter Wind, bestimmt Stärke sechs. Und das Schiff stampfte gegen die Wellen, und die Wellen schlugen zurück. Und der Stahl bebte und der Boden schaukelte, und die Leute saßen erst mit käsigem Gesicht an den Tischen unter Deck vor den Ernte-23-Aschenbechern und gingen dann, wenn es nicht mehr auszuhalten war, an die Reling, um frische Luft zu schnappen oder sich zu übergeben. Diejenigen, die es nicht mehr schafften, erbrachen sich direkt in die Marlboro-Tüten, in denen die zollfreien Einkäufe verpackt waren. Ich glaube, meine Erinnerung täuscht mich nicht, wenn ich schreibe, dass gelbe Lachen über den Boden verteilt waren und es zum Gotterbarmen stank. Und in diese Stimmung aus Stöhnen und Weltuntergang rief ein fröhlicher Kellner: „Wer will noch ein Krabbenbrötchen?"

(Eine andere, noch ekligere Geschichte erzählt der andere Geschichtenerzähler in meinem Haushalt. Er stellte sich bei einer Butterfahrt kühn an die Reling und ließ sich die Gischt ins Gesicht spritzen. Bis er feststellte, dass in der Gischt feste Stückchen waren. Und als er hochschaute, standen Leute über ihm auf dem Oberdeck und spien in die See.)

Ich wurde nicht seekrank. Ich war noch nie seekrank. Und ich habe diejenigen, die es werden, stets belächelt. Ich weiß nicht, ob es an einem Buch lag, das ich gerade vorher gelesen hatte, aber kürzlich wurde ich es doch. Das Buch war „Schiffbruch mit Tiger", ein großartiger Roman, der vor einigen Jahren ganz oben auf den Bestsellerlisten stand und der von einem Jungen und einem ausgewachsenen Tiger handelt, die hundert Tage auf dem Pazifik in einem Rettungsboot trieben, ohne dass der Tiger den Jungen verspeiste.

Die Rettung des Jungen war, dass der Tiger sehr schnell seekrank wurde und der Junge ihm irgendwie weismachte, dass er mit einer Pfeife den Wellengang bestimmen könnte. Die Angst vor der Übelkeit verhinderte den Angriff des Tigers. Seekrankheit muss wahrlich schlimm sein, existenziell schlimm. (Die Schilderung eines seekranken Tigers, der in seinem Erbrochenen liegt, möchte man sich ausschneiden und immer wieder lesen.)

Unmittelbar nach der Lektüre des Buches besuchte ich mit meinen Kindern das Kopenhagener Tivoli. Als gute Mutter wollte ich auch demjenigen meiner Söhne, der noch nicht einen Meter zwanzig groß ist, die Achterbahnfahrten und Schleudersitze ermöglichen und fuhr mit. Und während die Kinder quiekend und kreischend die Arme hochnahmen, wurde mir schlecht. Es war nicht besonders schlimm, und die Karussellfahrten währten auch nicht lange. Aber es reichte doch dafür, dass ich mir plötzlich nichts sehnlicher wünschte, als dass diese Tour endlich enden möge. Mein Körper rebellierte gegen das Hoch und Runter.

Seitdem ich das erlebt habe, neige ich dazu zu glauben, dass Seekrankheit eine natürliche Reaktion des Menschen ist. Er will nicht verschaukelt werden. Er sehnt sich nach Klarheit, und was man festen Boden unter den Füßen nennt, das bedeutet in Wahrheit, dass man nicht auf die schiefe Bahn kommen möchte, dass man gerade und auf ebener Erde sein möchte, aufrecht stehen und aufrecht gehen. Und wer könnte dagegen etwas haben? Der Witzbold mit seinen Krabbenbrötchen sollte sich was schämen.

Abseiten des Selbst

Abseiten, das sind unter dem Dach verborgene Stauräume. Auf unserem Dachboden gibt es davon einige. Darin lagern Kartons, deren Inhalt mir nicht mehr gänzlich klar ist, Kinderschuhe, die noch zu gut waren, um weggeworfen zu werden, inzwischen aber keinem mehr passen, die Bruchstücke einer Carrerabahn, die einmal von einem großelterlichen Dachboden auf diesen hier verfrachtet wurden, et cetera.

Aber Abseiten, das klingt auch irgendwie „abseitig", und das meint: der Sichtbarkeit entzogen, verborgen. Und auf Meinungen bezogen meint es irgendwie auch: skurril, schräg, gewöhnungsbedürftig.

Neulich kam der Wind so böig aus Westen, dass er den Regen unter die Dachziegel drückte und es zu allem Überfluss hereinregnete. Dass dieser Wasserschaden auch wieder trocknen würde war das eine. Das andere der Heimwerkerstolz des Mannes, mit dem ich zusammenlebe, der flugs damit begann, die Rigipsplatten und die Rockwolle des Dachbodens abzumontieren, um einem erneuten Einbruch bei gleichem Wind mit Silikon und Plastik vorzubeugen. Und so mussten auch die Kartons aus den Abseiten geschafft werden. Gut die Hälfte wurde bis Abschluss der Baumaßnahmen entsorgt. Ich schaute die Kisten durch, während oben der Akkuschrauber summte.

Und ich wunderte mich, was ich alles einmal weggepackt hatte, also noch besaß. Hüte, meine alte Blockflöte, Kissenbezüge, die Heringe des Zeltes, das uns 1992 in Apulien weggespült worden war, jede Menge Gebrauchsanweisungen für Maschinen, die ich seit Jahren nicht mehr habe, eine Kiste mit Zeugnissen, vom Freischwimmer bis zu den Bundesjugendspielen. Und eine Kiste mit Briefen. Alten Briefen. Die meisten an mich adressiert, viele von ihnen Liebesbriefe. Ein paar von Verehrern aus der Schulzeit, der allergrößte Teil von dem akkuschraubenden Mann auf meinem Dach.

Ich las sie nicht. Davor hütete ich mich. Aber ich sah sie mir an. Und irgendwie hatte ich zu jedem Brief eine Erinnerung. So viel hatten sie mir bedeutet. Die Handschrift, immer etwas zu fest aufgedrückt, als wir noch nicht zusammen waren, dann mit mehr Schwung, geknickte Ecken bei den Briefen, als ich in einer WG wohnte, die den Briefkastenschlüssel verbaselt hatte, sodass wir die Briefe stets mit einem Kochlöffel bis zum Schlitz wieder hochbugsierten, und das Wissen, dass dies gut zu der Krise passte, die wir damals durchmachten. Briefmarken und Stempel wie Fotos, Bilder der Jahre. Dann wurden die Briefe weniger. Wir waren zusammengezogen. Und dann kamen welche von mir.

Wenn es schon merkwürdig war, die Handschrift eines anderen zu sehen, meine eigene Schrift vor mir zu haben verschlug mir auf eine merkwürdige Art die Sprache. Jetzt wusste ich genau, was ich damals gedacht und gefühlt hatte, wo und warum ich diese Briefe schrieb. Und ich wusste, dass sie ein Teil meines Lebens waren, ein Teil meines Ichs. Aber ein Teil, der Vergangenheit war und also nicht mehr zu mir gehörte – weder die Briefe mit dem Liebeskummer noch die mit der Sehnsucht.

Wenn man aber glaubt, dass ein Mensch die Summe seiner Erfahrungen ist, war mein Gefühl rätselhaft. Ich wusste, dass das, was ich einmal erlebt hatte, bis in meine Gegenwart reicht. Aber was ich einmal geschrieben hatte, das waren nur noch Abdrücke, Spuren von etwas, das es nicht mehr gab. Wie Häute von Schlangen, Fußabdrücke am Strand, bevor das Meer sie fortwischt. Der Schritt bringt einen zwar weiter. Aber wenn man zurückblickt, sieht man nur den Weg, den man gegangen ist.

Beweise, etwas nicht zu haben

Während der Sommerferien und dem dazugehörigen Urlaub wurde uns aus einem verschlossenen Jugendherbergsfamilienzimmer ein Handy geklaut. Es war ein ziemliches Hochsicherheitsjugendherbergszimmer in einer skandinavischen Großstadt. Zum Beispiel fuhren die Aufzüge nur mit dem Schlüssel auf keine andere als die entsprechende Etage. Das Handy war vierzehn Tage alt und todschick. Mein ältester Sohn hatte lange Zeit geduldig sein Taschengeld gespart und sich endlich, endlich seinen sehnlichsten Wunsch erfüllt. Da es in einer Handysocke steckte und diese im Zimmer lag, war es ausgeschlossen, dass es beim Schaufensterbummel verloren gegangen war. Wir hatten unserem Filius sogar noch geraten, das Handy im Hostel zu lassen, damit es in der Stadt nicht verloren ginge.

Nachdem wir den Verlust bemerkt hatten, in diesem Fall muss man wohl von Diebstahl reden, denn ein Jemand hatte seine Mineralwasserflasche bei uns im Zimmer vergessen, meldeten wir das sofort bei der Rezeption. Dort wurde alles fleißig notiert. Dann gingen wir zur Polizei. Ein unwirklicher Spaziergang durch den Kopenhagener Morgen schon da – unwirklich, weil die Nachtschwärmer gerade nach Hause kamen, die Müllmänner die Arbeit aufnahmen, die Stadt noch döste. Unwirklich zum anderen, weil ich schon fühlte, was ich jetzt schreibe: Es war ein sinnloses Unterfangen. Die Polizisten notierten ebenfalls alles fleißig. Und uns war trotzdem klar, dass das Handy verloren war und das Suchen keinen Zweck hatte (das Gerät war allerdings gesperrt, und der Dieb konnte es noch nicht mal benutzen).

Was bemerkenswert war, war das Gefühl der Ohnmacht. Es bezog sich nicht darauf, dass wir beklaut worden waren, sondern dass wir nicht beweisen konnten, dass wir beklaut worden waren. Wer sagt denn, dass wir das Handy auch wirklich mithatten? Oder wer hindert Betrüger, nicht noch eine Brieftasche mit zehntausend Kronen draufzulegen? Wie beweist man einen Verlust?

Kann sein, dass routiniertere „Tatort"-Zuschauer als ich darauf eine Antwort haben. Ich sehe es eher philosophisch. Etwas zu beweisen, was es nicht mehr gibt, das ist schwer möglich. Liebe kann sich in Taten und Worten zeigen, dass man jemanden geliebt hat, ist nachträglich nicht mehr zu beweisen. Nur zu behaupten. Glück zu haben, das kann man feststellen, kein Glück zu haben ist eine schwierige Aussage, jedenfalls solange sie nicht in „Pech haben" umschlägt.

Etwas nicht zu besitzen, schrieb einmal der dänische Philosoph Søren Kierkegaard, ist der Weg zur Freiheit. Und die großen Freigeister erlangten ihre Unabhängigkeit oft, indem sie sich von allem Besitz trennten. Diogenes lebte in einer Tonne, die Heiligen fasteten in der Wüste, Rimbaud, Hölderlin, Lenz gaben alles auf – sogar ihren Verstand. Na, denke ich mir, Kierkegaard schön und gut, aber etwas freiwillig nicht zu besitzen oder beklaut zu werden ist doch wohl ein Unterschied. Und es ist einer, der ans Eingemachte geht.

Bei mir und uns stellte sich jedenfalls keine positive Verlusterfahrung ein, stattdessen Hilflosigkeit. Die schlägt entweder in Wut um oder in Melancholie. Oder wird, wenn man wie ich das Glück hat, darüber schreiben zu dürfen, zu einer Kolumne.

Wenn das Telefon klingelt

Ein paar Benimmregeln gibt es. Auch wenn ich mir – und ich will das weder loben noch verteidigen – bescheinige, dass ich im Vergleich eine tolerante, liberale, ja vielleicht fast gleichgültig erscheinende Mutter bin. Oder sagen wir so: Ich setze andere Schwerpunkte.

Dass man am Sonntag frisch frisiert am Frühstückstisch sitzt ist mir weniger wichtig, dass man gemeinsam isst dagegen schon. Ich akzeptiere es, dass die Knie der Jeans meiner Kinder oft zerrissen sind (weil ich es selbst eine Zeit lang cool fand, zerrissene Jeans zu tragen) und dass ihre Haare so sind, wie sie selbst es schön finden (das ist – abwechselnd – entweder ziemlich lang oder gegelt wie bei Handball- oder Fußball-Linksaußen). Ich mime Toleranz zu ihrer Musik und begegne Playstations und Computerspielen nicht mit Verboten (obwohl ich es gern manchmal täte), weil ich glaube, dass Kinder am stärksten und am unabhängigsten werden, wenn sie mit Suchtpotenzialen umzugehen lernen. Über Religion, Gott und den Glauben wird ernsthaft und kritisch gesprochen, ehrliche Zweikämpfe sind erlaubt, kneifen, spucken, beißen nicht, so wenig wie diskriminierende Schimpfworte (was eine große Bandbreite von Schimpfworten zulässt, die ich schon als extreme Belästigung empfinde).

Und man lässt einander ausreden. Das ist etwas, was weit über das hinausgeht, was Erwachsene miteinander anstellen. Ihre Haare mögen frisierter sein, ihre Sprache gewählter und ihr Glaube sicherer (gefestigt oder verloren), sobald aber ein Telefon klingelt, verlassen die allermeisten Leute ihre Manieren. Mitten beim Essen springen sie auf, hasten an den Hörer und lassen das Mittagsgericht kalt werden, um einen Termin für nächste Woche, den

kommenden Besuch der Schwiegermutter, Probleme der Kinder-
erziehung oder den neuesten Tratsch der Nachbarschaft zu bere-
den. Selbst vertraute Gespräche werden abrupt beendet, wenn das
Telefon klingelt. In Sitzungen oder Konferenzen greifen sich
Menschen, die viel auf ihre Kultur, nicht zuletzt Gesprächskultur,
einbilden, wie von der Tarantel gestochen an ihre Jacketttasche
und rufen, noch während ihr Gegenüber ihnen erklärt, warum
dies oder das genau so zu sein habe, ihr „Hallo?" in den Hörer.
In jeder direkten Gesprächssituation wäre das unverzeihlich. Wir
würden Freundschaften beenden, Ehekrisen haben und unseren
Kindern schlechte Vorbilder sein, wenn sich jemand so verhalten
würde. Nur beim Telefonieren ist das alles erlaubt. Es ist erlaubt
bei einem Gerät, das nur aus Plastik und Dioden besteht und das
wohl kaum persönlich beleidigt wäre, wenn man es klingeln ließe. Und auch der Anrufer wäre vermutlich tolerant gegenüber
der Nichtannahme. Geht doch jeder, wenn er anruft, sozusagen
immer das Risiko ein, dass er den anderen nicht erreicht. Man
wird doch nicht wütend, wenn der Anschluss besetzt ist, also
gesprochen wird. Wenn man aber selbst spricht, live und mit
einem Menschen aus Fleisch und Blut, dann gilt das nicht mehr,
dann vergisst man alles, was ein normales menschliches Zusam-
mensein sichert. Und das in Zeiten von Anrufbeantwortern,
Mailboxen, Rückruffunktionen, wo eigentlich kein Anruf verloren gehen kann.
Eine der Benimmregeln, die ich meinen Kindern beizubringen
versuche, ist, das Telefon einfach klingeln zu lassen und ihm nicht
mehr Rechte einzuräumen, als jeder Mensch hat. Da bin ich weit-
aus intoleranter als andere Mütter.

Zweierlei böse Nachbarinnen

In Hamburg lebte ich mit meinem Mann einmal ein paar Jahre in einer wunderschönen Wohnung für so wunderbar wenig Geld, dass wir uns danach genug Mut angespart hatten, um eine berufliche Existenz jenseits einer festen Anstellung zu riskieren. Der Pakt mit dem Eigentümer war, dass wir die Wohnung anstandslos verlassen sollten, wenn das wunderbare alte Haus, in dem sie lag, abgerissen würde.

Im Grunde hing die Existenz des Hauses an unserer sehr betagten Nachbarin, deren Familie das Haus seit je besessen hatte und die Wohnrecht auf Lebenszeit hatte. Als wir einzogen, wurde eben diese auf etwa ein halbes bis ein Jahr geschätzt. Der alten Dame war die Abmachung durchaus bekannt und ihre Einstellung dazu eher widerständlerisch. Und zusammen mit der Gute-Schwiegersohn-Mentalität meines Mannes, meiner Bewunderung für die alte Dame und ihrer stabilen gesundheitlichen Verfassung wurden aus einem halben fünf Jahre.

Der andere Faden, an dem die Existenz des Hauses hing, war unsere Nachbarin zur Linken. Die hatte zwar kein Wohnrecht auf Lebenszeit, aber doch so berechtigte Ansprüche, dass der Eigentümer sie nicht gegen ihren Willen zum Auszug bewegen konnte. Nun hatte diese Nachbarin leider ein paar nicht besonders soziale Angewohnheiten. Eine der harmloseren war, dass sie ihr Altglas so ungeschickt hinter ihrer Wohnungstür aufstapelte, dass jedes Mal, wenn sie die Wohnung verließ, sämtliche Flaschen wie alle Neune durch das Treppenhaus schepperten. Eine weitere war, dass sie regelmäßig gegen zwei Uhr nachts ihre Bude verließ (und dabei die Flaschen umschmiss). Zuvor allerdings musste sie sich warm tanzen. Und das tat sie ab halb eins zu aufgedrehter Musik. Schließlich begann sie Bongos zu spielen. Da das Haus alt und die

Wände einfach gemauert waren, direkt auf die durchlaufenden Dielen gesetzt, konnte man jeden Schritt, erst recht jede Bongotrommel aus ihrem Zimmer hören. Ja, man konnte sogar den Rauch der Zigarette von nebenan unter der Wand hindurch riechen.

Eine Zeit lang nahmen wir das alles so hin. Wir waren neu in Hamburg und wollten nicht spießig sein, oder so ähnlich diskutierten wir das wohl. Dann kamen die Bongos und unsere Prüfungen. Und schließlich lagen meine Nerven blank. Ich war übernächtigt, und jedes Mal wenn die Flaschen polterten, glühten meine Synapsen.

Und so ging ich, als ich nicht mehr leiden konnte, nachts hinüber und bat sie, die Musik etwas leiser zu stellen. Sie fuhr mich an, dass ich sie nicht belästigen solle. Sie schmiss die Tür zu, die Flaschen fielen um. Fassungslos stand ich vor ihrer Tür. Was soll man tun, wenn Menschen sich so verweigern?

Am Morgen schrieb ich ihr, dass sie doch genau wisse, dass die Hausverwaltung nur auf solch einen Anlass wartete, um sie vor die Tür zu setzen, und ob wir es nicht hinkriegen könnten, gedeihlich miteinander auszukommen. Ich schob den Brief in ihren Kasten. Schritte. Dann krachte die Musik aus ihren Boxen in voller Lautstärke los. Sie schmiss die Tür hinter sich zu, und wir bekamen achtundvierzig Stunden Vollbeschallung. Und ich fand mich plötzlich in der Rolle der bösen Nachbarin wieder, die vor Gericht geht. Es kam, wie es kommen musste.

Jahre später erhielten wir Post von dieser Nachbarin. Der Brief kam aus Kanada oder Australien und erreichte uns über diverse Umwege. Darin entschuldigte sie sich für jene Episode vor vielen Jahren. Und zwar deshalb, so schrieb sie, weil ihr Therapeut ihr das geraten habe. Der Arme, dachte ich.

Mein optischer Mittelpunkt

Mitten in unserem Garten senkt sich der Boden ab. Das ist klar selbstverschuldet. Früher war an dieser Stelle ein Gartenteich. Als wir einzogen, war er völlig zugekrautet, muffte leicht und barg die Gefahr, dass unsere damals Minikleinen kopfüber darin ertranken.

Das Wasser abgelassen und dann eine schlickige, nach Kloake riechende, von fetten Fröschen behauste, nasse und schwere Teichfolie im Oktobernieselregen aus dem zwei Meter tiefen Loch des Teichs gezogen zu haben, das gehört zu den Heldentaten, deren mein Mann sich heute noch rühmt. Es schien tatsächlich ein Stück Arbeit zu sein. Danach klaubte er die Frösche, die aus der Folie in die Matschgrube gekullert waren, aus ihrem mutmaßlichen Grab und begann, das Loch zuzuschütten.

Es gab einen großen Aushub Erde, den wir aus unserem Haus herausgekarrt hatten, um ein Fundament zu gießen. Aber so groß der Aushub auch war, das Loch des Teichs war größer. Und außerdem gab es die vielen Wasserpflanzen, die nun neben dem Loch lagen, und die Bäume hatten alle ihr Laub abgeworfen, und überhaupt lag alles voller organischer Reste.

Als ich das nächste Mal vorbeischaute, wurden nicht nur Erde, sondern auch Schilfstiele, Eschenblätter und Efeuranken in das Loch befördert. Auf meinen Hinweis, dass das alles stark zusammenfallen und uns der Boden unter den Füßen buchstäblich wegsacken würde, bekam ich eine komplizierte Rechnung zu hören, die mir erklären sollte, wie hoch man einen Berg über dem ehemaligen Teich anhäufen müsse, damit dann, nach dem Nachsacken, der geplante Rasen plan sei. Die Aussicht auf einen Rasen in diesem Trümmerfeld aus Matsch und Plane ließ mich verstummen.

Und tatsächlich schien die Rechnung aufzugehen. Im ersten Jahr hatten wir eine Art Hünengrab im Garten, im zweiten nur noch eine kleine Schanze, im dritten war der Boden plan. Aber es kamen weitere Jahre. Und der Boden senkte sich weiter. Selbst nachträgliche Aufschüttungen versandeten, um metaphorisch zu sprechen.

Von einem Fehler wollte mein Mann allerdings nicht sprechen. Das tut er selten. Stattdessen versucht er aus einer missratenen Situation das Beste zu machen. Das tut er immer. Also legte er in der Mitte der Senke eine Feuerstelle an. Sehr romantisch und inzwischen auch fachmännisch, mit tiefer gelegtem Aschebecken und so. Hätte er den Teich so sorgfältig zugeschüttet …

Auch das ist jetzt drei Jahre her. Neulich saßen wir im Garten und nippten am Weißwein, und er sagte: „Erstaunlich, wie sich die Kuhle verändert hat, nur weil es jetzt einen optischen Mittelpunkt gibt. Wie aus einem Fehler etwas Gutes wird." Tatsächlich ähnelt der ehemalige Teich inzwischen einem kleinen Amphitheater, es ist angenehm, am Rand der leichten Senke zu sitzen, Stühle erübrigen sich beinah.

„Darüber solltest du mal eine Kolumne schreiben", sagte er. „Dass du nicht auf mich hörst? Gern", sagte ich.

Neue Sitten der Alten

Auf offenen Bahnsteigen gibt es seit einiger Zeit eine absurde Einrichtung: kleine Raucherkarrees, gelbe Markierungen, innerhalb derer geraucht werden darf. Man kann gegen das Rauchen sein, und Verbote in Hallen scheinen mir sinnvoll, vielleicht auch Verbote auf offenen Bahnsteigen oder auch keine Verbote, wenn man bedenkt, dass meist ein heftiger Westwind weht und die Bahnsteige meistens geräumig genug sind, um auszuweichen. Aber mit den Rauchern sozusagen Himmel und Hölle zu spielen, sie in einen gelben Kasten zu stellen, und wenn sie übertreten, haben sie verloren, das erscheint mir irgendwie schräg. Andersherum ist es noch merkwürdiger: Wäre ich Raucherin, ich käme mir in solch einem gelben Käfig wie im Zoo vor, und mir würde der Rauch buchstäblich im Hals stecken bleiben.

Neulich saß ich auf eben solch einem Bahnsteig einer Frau gegenüber, die plötzlich etwas in ihre Nase rieb. Es sah zuerst aus, als würde sie popeln. Dann sah ich, dass sie ein kleines Silberdöschen auf den Knien hatte. Ich kannte solche Dosen aus alten Heinz-Rühmann-Filmen. Es war Schnupftabak. Auch eine Lösung, dachte ich.

Irgendwann, so um das zwölfte Lebensjahr herum, hatten plötzlich alle Jungs in meiner Klasse Digitaluhren. Das Piepsen im Unterricht nervte die Lehrer. Es waren die Klingeltöne der Achtziger. Mit den Uhren kam eine neue Handbewegung auf. Die Jungs schauten andauernd auf ihr Handgelenk. Diese Bewegung ist heute fast verschwunden. Frage ich jemanden nach der Uhrzeit, zieht er immer öfter sein Handy aus der Hosentasche. Aber diese Bewegung ist ebenfalls nicht neu. Auch sie kenne ich aus alten Filmen. Das Handy ist auf eine Art die Rückkehr der Taschenuhr.

Zurück zum Rauchen: Die Befürworter eines Rauchverbotes sagen, selbst die Iren und Italiener hätten das Rauchen in ihren Pubs und Bars eingestellt. Das ist in der Tat eine erstaunliche kulturelle Veränderung, dachte man doch, schwadenverhangene Decken gehörten zu Espresso und Guinness irgendwie dazu. Tun sie offensichtlich nicht. Oder tun es nicht mehr. Oder genauer, es gibt eine neue Form des Guinness- und Espresso-Trinkens, wenn nur noch vor der Tür geraucht werden darf.

Insgesamt haben sich der Stil und der Habitus des Tabakkonsums geändert. Meine Schwiegereltern, militante Nichtraucher, hatten früher im Wohnzimmer ein Kästchen mit Gästezigaretten, die sie ihren Freunden anboten, weil es sich so gehörte. Danach zog der Qualm aus dem Wohnzimmer in die Kinderzimmer und ist seitdem Teil der Kindheitserinnerungen meines Mannes.

Als unser erster Sohn geboren wurde, das ist jetzt zwölf Jahre her, war es noch ein Kampf, die Freunde, die rauchen wollten, vor die Tür zu schicken. Das ist heute so selbstverständlich wie das Amen in der Kirche. Das Amen in der Kirche aber ist nun gar nicht mehr selbstverständlich, weil nämlich nicht mehr sehr viele regelmäßig, also selbstverständlich, in die Kirche gehen. Sitten ändern sich und kommen, so sieht es aus, in anderer Form wieder.

Wie wird es weitergehen? In noch mal zwölf Jahren wird Schnupftabak vielleicht populärer sein als das Rauchen. Damit einhergehen wird das Comeback der Stofftaschentücher. Vielleicht kommt das Monokel zurück. Jedenfalls scheint mir, als würden Kontaktlinsen immer häufiger von schicken Brillen abgelöst – eine Trendumkehr.

All diese Sitten und Gebräuche aber haben Auswirkungen auf unser Leben. Handys lösen Uhren als Statussymbole ab, und die ständige Erreichbarkeit nimmt unserem Leben Ruhepausen. Und die Raucherzonen sind vielleicht eine Art Gemeinschaftsersatz für die leeren Kirchen.

Liebe googeln

Im nächsten Jahr liegt das Ende meiner Schulzeit zwanzig Jahre zurück. Und was wurde sich nicht alles versprochen: dass man sich immer schreiben wollte und vielleicht während Ausbildung und Studium zusammenziehen. Und was wurde nicht alles erhofft: die Abenteuer des Lebens, Reisen und Liebe. Rückblickend kommt mir das alles komisch vor, und wenn ich an das kommende Wiedersehensfest denke, dann mit dem flauen Gefühl, das man hatte, wenn man eine gute Klassenarbeit wiederbekam, bei der man geschummelt hatte.

Jedenfalls fallen mir nur noch zehn Prozent meiner Klassenkameraden namentlich ein. Und gefehlt haben mir weder die noch die anderen neunzig Prozent. Dennoch bin ich seit Kurzem Mitglied bei so einer Internet-Freundesliste. Und das Internet hat ja nun die eigenartige Bewandtnis, Möglichkeiten zu schaffen, deren Fehlen man vorher gar nicht bemerkte. Plötzlich bekomme ich digitale Post von Menschen, die mir irgendwie bekannt vorkommen. Denn Namen nicht mehr zu erinnern ist ja nicht das Gleiche wie sie noch nie gehört zu haben. Nur das Gesicht dazu fällt mir nicht immer ein. Und dass ich das Gesicht dann manchmal finde, ändert daran nichts.

Da starren mich Männer an, die ich noch nie gesehen habe, weil ich sie zuletzt als Jungs sah. Einige sind dick geworden, andere haben eine Glatze, die Frauen haben gefärbte Haare, welche mit natürlichem Grau gibt es kaum. Falten haben die meisten. Gesichter eben, die durch ein Leben gegangen sind. Manchmal gibt es einen, der mir bekannt vorkommt. Und plötzlich fällt mir ein, dass ich seinetwegen in der achten Klasse einmal geheult habe, weil er ein Fußballspiel meiner Liebe vorgezogen hat. Und dann das Mädchen aus der hinteren Reihe, die blöde Kuh, für die er dann jedes Fußballspiel aufgegeben hat. Und da sind noch weitere Paare. Aber eine schreibt in ihren Lebenslauf, dass sie drei Kinder hat und geschieden ist. Ich suche den Jungen dazu, der damals so viele Pickel hatte. Jetzt hat er einen Zweitagebart. Ob er der Vater ist?

Als ich einer Freundin davon erzähle, sagt sie, dass sie schon seit ein paar Jahren regelmäßig die Namen ihrer Verflossenen im Internet sucht. „Goggelt", wie sie sagt.

„Warum das denn?", frage ich. „Das ist doch so, als ob man in alter Wäsche wühlt."

„Na ja", antwortet sie, „ich glaub, es ist spannend, sich vorzustellen, ihr Leben hätte auch anders laufen können, wenn ich bei ihnen geblieben wäre." Oder dein Leben wäre anders gelaufen, denke ich. Aber ich sage es ihr nicht. Es wäre ja auch trivial. Aber der Gedanke bleibt. Die Nachträglichkeit als andere Geschichte des eigenen Lebens, das wäre ja so etwas wie eine magische Realität, ein doppelter Boden der Wirklichkeit. Lebende Menschen, die ich als Figuren meiner Geschichte ranholen oder aufrufen kann.

Am nächsten Abend setze ich mich an den Computer. Fast hat es etwas Heimliches. Nicht nur, weil ich in das Leben anderer reinschnüffle, sondern auch, weil ich mein eigenes verlasse. Und dann – fällt mir der Name meines ersten Freundes nicht ein. Nur sein Gesicht sehe ich noch vor mir. Aber ein Gesicht kann man nicht googeln. Und von dem italienischen Freund, den ich danach hatte, von dem weiß ich zwar noch den Namen, aber nicht, wie man ihn schreibt. Der nächste ergibt keine Treffer. Vielleicht hat er keinen Computer oder er lebt im Untergrund. Wer weiß.

Und so tippe ich schließlich den Namen meines Mannes. Volltreffer.

Hier kotzte Goethe

Neulich schrieb ich über Marx, Geld und Kapital und dass man da gut länger als zehn Minuten drüber reden kann. Hätte ich gewusst, wie viele Reaktionen Karl Marx auslöst, ich hätte es mir vielleicht anders überlegt. Die mich am meisten berührende jedoch hatte gar nichts mit Marx zu tun, sondern mit meinem Gesprächspartner, den ich in der Kolumne verbraten hatte. Er sagte, als er sie las: „Hey, aber die Pointe hast du vergessen." „Und die wäre?", fragte ich. „Du hast schon mal auf Karl Marx' Platz gesessen", war die Antwort.

Das stimmte. Im Jahre 1996 studierte ich mit einem Stipendium der Frankfurter Allgemeinen Zeitung ein halbes Jahr lang in London. Und mein Arbeitsplatz in der British Library war genau jener Platz, auf dem Karl Marx seinerzeit „Das Kapital" geschrieben hatte. Derselbe Lampenschirm, dieselbe Stuhllehne, dieselben Handabdrücke im morschen Leder.

In Statistik hatten wir früher in der Schule einmal ausgerechnet, dass jeder Mensch pro Stunde ein Molekül einatmet, das Julius Caesar bei seinem Todesschrei ausgestoßen hat. Ich fand das stets eine eklige Vorstellung. Wer weiß, wie gut die römische Mundhygiene war … Vor allen Dingen zeigte diese Rechenaufgabe, dass uns die Teilhabe an der Vergangenheit irgendwie wichtig ist.

Im Runden Turm in Kopenhagen, dem alten königlichen Observatorium, gibt es eine Toilette, in der auf einer Tafel beschworen wird, dass sich im Holz der Decke noch Partikel aus den Pfeifen von Søren Kierkegaard und Hans Christian Andersen befinden. Damals durfte man noch in öffentlichen Toiletten rauchen. Schlimmer noch, auch die Fäkalien der beiden und tausend anderer hängen noch in dem Rohr unter der Toilette, die so konstruiert worden ist, dass ihre Sickergrube nur alle dreihundert Jahre geleert werden muss. So eklig war die Vorstellung von Caesars Mundgeruch dann auch wieder nicht. Die Klobrille wird eine ähnliche Geschichte haben. Auch wenn Marx auf der jetzt nicht gesessen hat. In Tübingen hängt unterhalb eines im ersten Stock befindlichen Fensters ein Schild mit der Aufschrift „Hier kotzte Goethe". Und als ich als Schülerin einen Austausch nach New York mitmachte, war der Schwager von Madonna unser Reiseführer. An seiner Hand hingen ganz sicher auch Atome von Madonnas Haut. Wahnsinn, welche Promis ihr Leben schon mit meinem geteilt haben. Andererseits – was ist jetzt die Pointe? Vielleicht diese: Ein ehemaliger Kommilitone von mir hat im Treppenhaus seiner Wohnung ein Schild angebracht, auf dem steht: „Hier war Goethe nicht."

Karl Marx' Schweißflecken, Kierkegaards Pfeifenqualm, Goethes – na ja, lassen wir das –, sie sind allemal in der Unterzahl gegen all die Moleküle all der Menschen, die ich sonst berühre, einatme, die mich berühren. Wenn ich mich im Zug auf einen Sitz setze, saßen vor mir Hunderte, Tausende andere drauf. Ein jeder mit seinem eigenen Problem und seiner eigenen Geschichte. Vielleicht werde ich einmal den Roman eines Kissens oder Bordsteins schreiben, auf dem Menschen unweigerlich ihre Abdrücke hinterlassen haben. Und wenn ich mir vorstelle, dass mein Atem von so vielen anderen – vielleicht Ihnen gerade – wieder eingeatmet wird, werde ich ganz ehrfürchtig.

Das Schöne ist, dass jeder und jede diese Ehrfurcht haben kann. Julius Caesar und die anderen werden nicht gebraucht. Die historische Autogrammkarten-Sammelei führt zu nichts. Aber all die, die noch Atem haben, sind Teil unseres Lebens.

Die Eigentlichen

Nach einer Lesung neulich in einer Schule entspann sich eine heftige Diskussion zwischen mir und der Klasse über nichts Geringeres als die Zukunft der Menschheit. Die sei düster, meinte die Mehrheit, düsterer, als ich sie selbst beschreiben würde. Klimakriege, Afrikas Sturm auf Europa, Europa unter Wasser, eine Klassengesellschaft indischer Ausmaße, wenige Reiche und unendlich viele Arme und die allgemeine Verblödung der Menschheit, das war das Mindeste. Die Schüler nahmen die Berichte in den Medien, die Untergangsszenarien wörtlich. Politisches Spezialwissen hatte niemand. Einer festen politischen Gruppe wollte sich keiner zurechnen, wählen wollten sie, wenn sie achtzehn geworden waren, eigentlich auch nicht. Das sollte sie also sein, die bocklose, sich aus jeder Öffentlichkeit zurückziehende Jugend, die sich jedem Engagement verweigert und nur noch an den eigenen, schnöden Vorteil denkt.

Wer das so sieht, hat noch nie mit ihnen gesprochen. Denn was diese Leute umtreibt, ist nicht Resignation, sondern Rationalität. Den Glauben, dass die Welt sich nach dem einen, guten Plan ändern ließe, den haben sie nicht. Und ich habe Sympathie dafür. Zu viele solcher Pläne haben sie ja scheitern sehen. Und zu gut haben sie beobachtet, was aus denen geworden ist, die sich ihnen verschrieben haben. Diese Mädchen und Jungen waren kluge, aufgeweckte, gar aufmüpfige, freche Jugendliche. Sie hatten nichts Angepasstes. Aber sie hatten die Moral begriffen: Die Zeiten sind hart, also sollten wir es auch sein.

Um sich großen Zielen zu verschreiben, muss man wohl wenigstens die Idee davon haben, wie sie zu erreichen wären. Das machte den so oft genannten Aufruhr von 1968 erst möglich. Da wollte die aufbegehrende Jugend den Umsturz, die Freiheit, ein Leben mit weniger Sicherheit und mehr Selbstverwirklichung. Das war einfach, jedenfalls war es deutlich einfacher, als auf fehlende Sicherheit, politische Ratlosigkeit oder gesellschaftlichen Umbruch mit einer Vision zu antworten.

Ich dachte auf der Rückfahrt von der Lesung, dass das vielleicht auch gut so ist. Dass die Weltordnung nicht über den Haufen geworfen, sondern vor sich selbst geschützt werden muss. Die Krise irgendeines Systems muss nicht erst herbeirevolutioniert werden, sie ist die ständige Begleitmusik seit Jahren. Ihre Namen sind Legende: ökologische, soziale, finanzielle Krise, Krise der Renten, Krise des Gesundheitssystems, Krise der Arbeitswelt.

Auch die Feindbildlogik haut nicht mehr hin. Damit man gegen Eltern aufbegehren kann, müssen sie eine Instanz sein. Irgendwie wissen, wo es langgeht. Aber wer wollte das schon von sich behaupten? Auch die Eltern gehen kaum noch wählen und falls doch, dann das vermeintlich kleinere Übel. Vielleicht sind sie aus Parteien ausgetreten, haben sich im Aushalten des Mittelmaßes eingerichtet. Und wenn schon die Eltern nur wollen, dass alles nicht schlimmer wird, wie sollen dann die Kinder dafür streiten, dass es anders wird? Anders vielleicht nicht, aber besser womöglich. Das immerhin ist möglich.

Vielleicht ist diese Möglichkeit, dieses vielleicht und mal sehen und dabei nur nicht uncool werden die viel bessere Antwort als ein roter Kopf und aufgeplusterte Backen. Hugo Ball, ein Schweizer Anarchist, hat zu Anfang des vorigen Jahrhunderts mal gesagt: Die Eigentlichen, das sind die, die gar nichts tun.

Ich in neuen Schläuchen

All inclusive ist eine feine Sache, meinen viele. Ich nicht. Über Essensqualität, Preis-Leistungsverhältnis, Service et cetera will ich gar nicht klagen. Aber was mir fehlt, ist das Einkaufen in fremden Ländern.

Ich würde jederzeit zugeben, dass es sich dabei eher um die Illusion von fremden Ländern handelt. Denn der kleine Supermarkt hinter den Bettenburgen oder der Eisladen auf der Strandpromenade, sie sind sicher nicht das ursprüngliche Spanien, Griechenland oder die Türkei. Aber selbst diese Illusion reicht mir noch. Da riecht es nach fremdem Obst, da haben Waschpulver oder Schokoladenaufstrich interessante Untertitel, und das Brot ist eine Erfahrung, die all die Anreisestrapazen rechtfertigt. Das alles geht einem beim Rundum-Service verloren. Und ein bisschen ist es dann so, als ob man sich selbst verloren geht. Beim Reisen trifft man sich selbst, trifft auf einen Menschen, der man war oder sein möchte. Einkaufen im Ausland ist die Nachbildung eines Alltags, den es nicht gibt, aber vielleicht hätte geben können.

Besonders spannend sind die Weinprodukte im europäischen Ausland. Auf einer Radtour rund um Bordeaux, vorbei an vielen Chateaus und Schlösschen mit üppigen Weinkellern oder Weinkeller-Schildern, auf einer Wanderung über die griechische Insel Santorini, die für sehr harte, süße Trauben bekannt ist und als eines der besten Anbaugebiete Griechenlands gilt, in der Toskana, in Spanien – wenn man den ganzen Tag an den Rebstöcken und Trauben vorbeigelaufen oder -gestrampelt ist, entsteht unweigerlich ein besonderes Verlangen, genau diesen Wein am Abend zu trinken.

Allein, es handelte sich oft genug um exquisite Weinanbaugebiete, und viel Geld für teure Weine wollte ich nie aufbringen. In den

Läden gab es aber meist aufgetürmte Flaschen an den Kassen, die mit „Produkt aus der Region" oder ähnlichen Sprüchen beworben wurden und die nicht unter zweistelligen Europreisen ansetzten. Unschlüssig stand ich herum und wog Geld gegen Verlangen auf, als ein kleiner, sonnenverbrannter Bauer – einer von den vielen, die ich tagsüber auf den Feldern, deren Trauben ich jetzt gekeltert kaufen wollte, gesehen hatte – sich an mir vorbeischob, eine leere Anderthalb-Liter-Plastikflasche unter dem Arm. Er ging in die hinterste Ladenecke und hielt sie an einen Zapfhahn, füllte sie mit Rotwein, kam zurück und zahlte vielleicht zwei Euro. Ich fragte, was das für Wein sei. Und der Verkäufer zeigte auf die teuren Kassen-Flaschen und sagte: „The same."

Ich füllte eine leere Wasserflasche mit losem Wein, und obwohl man sich an den Plastikverschluss und an den Plastikhals der Flasche, als ich den ersten Schluck gleich vor der Tür nahm, erst gewöhnen musste, war es der leckerste Wein, den ich je getrunken hatte. Genauso lecker wie die eigens für die Einheimischen abgefüllten Weine auf Santorini oder in der Toskana. Man kauft und trinkt eben stets die Geschichte mit.

Wenn man sich im Urlaub selbst begegnet und wenn die Produkte des Einkaufs etwas mit einem möglichen anderen Leben zu tun haben, dann bin ich wohl selbst ein bisschen wie der Wein. Auch wenn die Umgebung nur Plastik ist, der Inhalt stimmt.

Literarische Parallelwelt

Wahrscheinlich glauben es alle Eltern: Ihre Kinder sind gefährdet. Die Einflüsse, speziell der Medien, ganz speziell der neuen Medien, sind gewaltig und können nicht wirklich gut sein.

Als im Jahre 1748 der Briefroman „Clarissa" von Samuel Richardson in England erschien, war das ein Skandal, und es gab eine aufgeregte Debatte darüber, ob jetzt die jungen Mädchen verwahrlosten, weil sie nächtelang mit einem Buch unter der Bettdecke lagen und die Geschichte von der schrittweisen Zerstörung der schönen, intelligenten und tugendhaften Bürgerstochter Clarissa Harlowe lasen. Wer weiß, dass „Clarissa" über eine Million Wörter umfasst und in etwa die Wirkung einer Schlaftablette hat, der würde sich heute nach diesen bildungsbürgerlichen Aussichten die Finger lecken: Kinder, die freiwillig lesen – und der bösen, bösen Welt der Orks und Pumpguns, der Actionfilme und PC-Spiele entgehen.

Ich beschuldige mich, gleicher Naivität aufgesessen zu sein. Lesen dürfen meine Kinder alles. Zumal, wenn es für ihre Altergruppe empfohlen ist. Während der Woche müssen sie irgendwann ins Bett, aber lesen dürfen sie immer noch. Ein guter pädagogischer Trick, dachte ich. Wenn sie fernsehen oder am Computer spielen, dann habe ich immer ein schlechtes Gewissen und bemühe mich zu kontrollieren, was sie da so an Bildern und Infos in ihren kleinen Köpfen abspeichern. Wenn sie lesen, lesen sie. Punkt. Aus. Gut.

Bis mir neulich einer von einer Hirnoperation am lebenden Objekt ohne Betäubung berichtete. Ein Pirat wurde von einem Schrapnell getroffen. Aber dem Schiffsarzt gelang es, den Eisensplitter aus dem Schädelknochen herauszuziehen. Er schloss dann die Wunde mit einem Golddukaten. Um ihn aber einzusetzen, musste er noch ein Stückchen des Knochens aussägen. Ist Ihnen noch nicht schlecht? Wie wäre es damit: Einem Piraten wurde das zerfetzte Bein abgenommen. Vier andere Piraten mussten ihn festhalten, dann konnte der Schiffszimmermann seine Säge ansetzen und erst die Haut und die losen Muskelstränge durchsägen – ritsch, ratsch –, dann den Knochen. Die Sehnen und Bänder labberten aus dem offenen Bein heraus. All das stand nicht in einem Buch mit Horrorgeschichten frei ab achtzehn, sondern in einem handlichen, kleinen Taschenbuch, gelesen abends unter der Bettdecke, kurz vor dem Einschlafen.

Ich gebe natürlich zu, dass all dies live im Kino noch bei Weitem schauriger wäre. Und vielleicht bin ich auch etwas dünn besaitet. Und schließlich, warum sollen Neunjährige nicht wissen, dass man als Pirat mit seinem Leben und seiner Gesundheit spielte und dass ihre blöden Ballereien und Schwertkämpfe zu Amputationen und Hirn-OPs führen konnten, die man seinem schlimmsten Feind nicht wünscht? Dennoch war es ein Schock, als mir klar wurde, wie blind ich der didaktischen Kraft der Literatur vertraut habe. Die Wahrheit ist: Auch in Büchern erleben Kinder (und Erwachsene) eine eigene Welt. Manchmal erleben sie sogar die wirkliche Welt. Und es ist keineswegs sicher, dass die Einflüsse von Büchern geringer oder besser sind als die des Fernsehens. Vielleicht sind sie sogar intensiver.

Ich gebe zu, ich hätte es wissen können: 2004 beschrieb ich in einem Roman auf den ersten Seiten die Geburt eines Kalbes. Weil es sich mit dem Huf verhakte, fing der Farmer an, auf die Mutterkuh einzupeitschen. Das fanden selbst enge Freunde und Verwandte so fürchterlich, dass sie sich bis heute weigern, diesen Roman überhaupt zu lesen. Eine falsche Entscheidung. Aber meinen Kindern würde ich ihn gern noch eine Weile vorenthalten.

Rote Stehlampe

Nehmen Sie die hektischste südosteuropäische Stadt, die Sie sich vorstellen können. Autos sind quer über den Bürgersteig geparkt, Mofas halten sich an keine Verkehrsregeln, die Häuser sind so hoch und die Straßen so eng gebaut, dass kein Licht hineinfällt (was aus Sicht der Bewohner auch Sinn hat, denn die Sonne in diesem Land brennt mörderisch). Hundekot hat den Weg vermint, und Kinder scheint es in dieser Stadt nicht zu geben, genauso wenig wie Spielplätze. Noch nicht einmal öffentliche Plätze, Kirchentreppen, Rathausstufen – nirgendwo gibt es einen Ort, wo man verweilen kann, Pause machen, spielen.

Stellen Sie sich eine kinderreiche deutsche Familie dazwischen vor. Die Eltern doppelt gestresst, weil sie sich verlaufen haben und weil sie aufpassen müssen, dass ihnen die Kinder in dem Gedränge und Geschiebe nicht abhanden kommen. Die Kinder enttäuscht, weil die versprochenen antiken Bauten nicht zu betreten waren und deshalb alle Träume von nachgestellten Schlachten, Gladiatorenkämpfen und Tyrannenmorden Träume blieben. Jetzt wäre ein Park fein, eine Ecke ohne Autos, wo die Eltern einen Kaffee kriegen würden, die Kinder ein Eis, wo sie sich Stöcke sammeln und ihre Aggressionen ritterlich miteinander austragen könnten. Doch die Cafés sind ausschließlich von Männern besetzt. Auch wenn es kein Schild gibt wie für Hunde in Deutschland: Frauen müssen hier draußen bleiben. Also ziehen wir weiter. Mit müden Beinen und dem Kopf so leer wie der Magen.

Da öffnet sich plötzlich die Straße. Genauer, sie ist gesperrt. Die Häuser links und rechts sind baufällig, Autos kommen hier nicht rein. Und am Ende der Straße ist ein Café, die Stühle stehen draußen, die Abendsonne scheint durch eine Baulücke herein, eine rote Stehlampe, die jedem spießbürgerlichen Wohnzimmer Ehre gemacht hätte, steht auf der Straße. Wir setzen uns. Nur wenige Leute sind da. Und endlich: beiderlei Geschlechts. Die Stimmung ist offenherzig, die Bedienung lacht und schenkt den Kindern Eis. Die Kinder danken es ihr durch lange Gespräche in einem Kauderwelsch, das nur sehr gutwillige Menschen entschlüsseln können. Wir prüfen schnell, ob die Gäste von dem Gewusel genervt sind – sind sie nicht. Sie freuen sich über vier blonde Köpfe. Wir bestellen viel zu viel Essen vor Glück.

Auf dem Weg zurück, als wir unser Glück preisen, in dieser riesigen Stadt ausgerechnet dieses Rote-Stehlampen-Café gefunden zu haben, kommen wir auch zu einer Erklärung. Es war eine Schwulen-Lesben-Kneipe. Und diese war, weil sie nicht nach den Macker-Macho-Regeln funktioniert, für eine Familie mit Kindern ein Rückzugsraum.

Wer glaubt, dass das paradox ist, dem seien die Studien des Wissenschaftlers Richard Florida empfohlen. Er zeigt anhand amerikanischer Großstädte, dass Städte mit einem besonders hohen Anteil Homosexueller diejenigen mit der größten wirtschaftlichen Prosperität sind, der jüngsten Bevölkerung, den meisten Kreativen. Zuerst sind es Frauen, die diese Viertel aufsuchen, weil sie dort nicht belästigt werden. Und die Frauen bringen dann Männer oder Kinder oder beides mit sich.

Oder aber man macht die Probe aufs Exempel und sucht sich den nettesten Stadtteil einer beliebigen europäischen Großstadt. Es wird vermutlich einer sein, in dem Autos, Mopeds und Gedrängel nicht viel gelten, in dem sich Familien wohlfühlen können. Und in dem vielleicht eine rote Stehlampe auf der Straße steht.

Recherche statt Reise

Zu den Geschichten, die mir immer etwas mehr bedeuteten, als ihr literarischer Eigenwert ausmacht, gehört Marco Polos Reisebericht aus China („Das Buch von den Wundern der Welt"). Das war Ausbruch und Aufbruch in die Ferne, die Idee, einfach loszulaufen, auch noch ausgerechnet von Venedig aus, der romantischsten aller Städte, dann nicht über die ausgetretenen Wege des alten Europas, sondern gen Osten über die pfadlosen Steppen Kleinasiens, entlang der Seidenstraße, quer durch die Länder, die auf -tan enden, hinein in das Herz Asiens. Das war ein Leben, das mir stets vorbildhaft schien.

Nach der Schule prüfte ich ernsthaft, die Strecke Marco Polos nachzureisen – am liebsten mit dem Rad. Die Idee scheiterte dann schnell an den diversen Kriegen und Konflikten entlang des Wegs, von der zusammenbrechenden Sowjetunion über den ersten Irakkrieg bis zu den Warlords in Afghanistan. Aber war es für Marco Polo anders gewesen? Auch da gab es Mord und Totschlag, gab es Wegelagerer und kriegerische Wüstenräuber. Der Unterschied war höchstens, dass er das alles nicht wusste und auf Geratewohl losspaziert ist. So dachte ich.

Und jetzt das: Forschungen haben gezeigt, dass es sehr wohl bereits Informationen über China gab, Berichte von Händlern, die Händler kannten, die am anderen Ende der zwei bis drei Jahre dauernden Reise losgegangen waren. Nicht nur das: Der Verdacht ist mehr als erhärtet, dass Marco Polo nie in China gewesen ist. Er nährt sich erstens daraus, dass er selbst in keiner chinesischen Quelle genannt wird, während sonst alles Mögliche in der Hofberichterstattung Erwähnung findet. Und er nährt sich daraus, dass im Bericht Polos viele kulturelle Unterschiede nicht erwähnt werden, die eigentlich Erwähnung hätten finden müssen, zumindest aber die Chinesische Mauer oder aber die chinesische Schrift selbst. Stattdessen, so scheint es, hat er zusammengeschrieben, was die damalige Welt Europas über China so ungefähr wissen konnte. Recherche statt Reise. Also war Marco Polo nur ein Hochstapler, ein Geschichtenerzähler. Ob das stimmt, keine Ahnung.

Nach dem ersten Schock, dass das Ideal meiner Reiselust, die Metapher für Mut und Aufbruch, eine Lüge sein könnte, begriff ich die höhere Bedeutung des Ganzen. Dass ein Geschichtenerzähler über die Nichterwähnung von Schrift (der chinesischen) entlarvt wird, ist ein schönes Bild. Es zeigt, dass man beim Schreiben vergessen lassen muss, dass man schreibt. Und es zeigt, dass gute Literatur nicht zwingend mit Realität zusammenfällt.

Gute Geschichten müssen richtig erzählt werden, sie müssen nicht zwingend richtig erlebt werden. Karl May war nie in der weiten Prärie, J. R. R. Tolkien hat nie im Auenland oder in Gondor gelebt, und auch ich war nie in Afrika und schrieb doch einmal einen Roman über den Aufstand gegen die deutsche Kolonialmacht im heutigen Namibia.

So gesehen besteht die eigentliche Leistung Marco Polos gar nicht darin, dass er tatsächlich siebzehn Jahre in China gelebt hätte, sondern darin, dass er die ganze Welt hat glauben lassen, es könnte so gewesen sein. Ich bin nie Weltenbummlerin geworden, dafür Schriftstellerin – und so bleibt Marco Polo mein Ideal.

Freibeuter der Perspektive

Muss man die Vergangenheit verstehen, um die Gegenwart zu erkennen? Ich weiß es nicht. Es schadet sicher nichts, aber es geht auch ohne, hätte ich vermutlich bis vor wenigen Tagen geantwortet. Und all die Geschichten, die römischen, griechischen, germanischen Heldensagen, die Räuberpistolen aus dem Sherwood Forest, von Seeräubernestern und Freibeutern, die jemand, den ich so gut kenne, dass ich vielleicht behaupten darf, er sei ein zu spät Geborener (nicht nur ein zehn Jahre zu spät Geborener, sondern tausend Jahre), meinen Kindern auftischt, seitdem sie hören können, ich hielt sie bestenfalls für unterhaltsam, schlimmstenfalls für unpädagogisch. Denn allzu früher Filmkonsum von Piratenstreifen und Mittelaltergemetzeln ging mit der bildungsbürgerlichen Haltung Hand in Hand.

Doch dann wurde vor Somalia der Ölfrachter Sirius Star gekapert mit einem Beutewert von siebzig Millionen, beriet das Bundeskabinett über die Entsendung der Marine gegen Piraterie und schnappte die Johnny-Depp-geschulte Bande um mich herum Stichworte wie „entern", „feilschen", „Südsee" auf. Und gab ihr Wissen preis. Nicht nur filmische Details wie die, dass auch „Fluch der Karibik" damit beginnt, dass der Pirat auf einem viel zu kleinen Boot übers Meer schaukelt, und die somalischen Freibeuter mit ihren Schlauchbooten das ja auch täten, auch Grundsätzliches, etwa dass in den Geschichten, die sie kennen würden, die Piraten ja eigentlich immer die Guten sind und die Bösen eigentlich die Herrschenden, Commodore Norrington in „Fluch der Karibik", Prinz John bei Robin Hood, der spanische König Philipp II. bei Francis Drake.

„Wem gehört eigentlich der Tanker?", wollte jemand wissen.

„Den saudischen Ölscheichs", sagte ich.

„Sind die gut?", fragten sie.

„Vor allen Dingen sind sie reich", sagte ich und überlegte, wie weit ich Unrecht würde rechtfertigen dürfen, ohne meine Kinder auf die schiefe Bahn zu bringen.

Eines von ihnen wusste aus einem Zeitreise-Kinderschmöker, dass die Kaperfahrt, die Francis Drake 1579 durchführte, ihm einen umgerechneten Gegenwert von einhundert Millionen Euro einbrachte, die zwischen den Anteilseignern seiner Kaperfahrt aufgeteilt wurden, von denen die englische Königin die größte war.

„Anteilseigner?" Jetzt war ich es, die fragte.

„Ja, die haben Aktien an den Piratenschiffen gekauft. Und die Königin hat Drake einen Freibrief gegeben, dass er in ihrem Namen plündert", wurde ich aufgeklärt. „Nur durften sie keine englischen Schiffe angreifen."

„Waren Wikinger eigentlich auch Piraten?", wollte jemand wissen.

„Natürlich!", waren sich alle einig.

„Und heute fahren wir nach Haitabu und finden das toll."

Klar, die Beutezüge der Wikinger haben ja auch zur Kulturausbreitung und Besiedelung geführt. Island, Grönland, die Normandie, schließlich England. Und England, war es nicht durch die Beutezüge seiner Piraten zur Großmacht aufgestiegen? Waren also Piraterie und Entwicklung, Beutezug und Wohlstand, Raub und Reichtum nur zwei Seiten der gleichen Medaille? Machte nur die Perspektive den Unterschied? Waren Freibeutertum und Handel kein Gegensatz, sondern das Gleiche? Nur mit anderen Vorzeichen?

„Meinst du, in fünfhundert Jahren gibt es in Somalia ein Piratenmuseum?" Die Frage blieb unbeantwortet im Raum.

Abwracken

„Abwrackprämie" ist mein neues Lieblingswort. Es hat alles, was ein Lieblingswort braucht. Es klingt dreckig und nach Schweiß, gleichzeitig gebildet, fast überheblich. Bisher war mein Lieblingswort „Schabrackenschakal" – aber der Schabrackenschakal hat nichts Lateinisches und kann mit „Prämie" einfach nicht mithalten.

Ob diese Prämie ökologisch oder sozial wirkt, will ich hier nicht diskutieren. Bei uns hat sie funktioniert, und wir wrackten einen zwölf Jahre alten Kleinwagen, ich würde sagen, Kleinstwagen, ab. „Abwracken" – das klingt wie abrocken, wie etwas unglaublich Cooles. Ich werde wohl versuchen, es in meinen Sprachgebrauch zu überführen. Vielleicht helfen meine Kinder ja im Haushalt, wenn ich sie auffordere: „Hey, könnt ihr bitte mal den Tisch abwracken!" Andererseits werden sie ihre zerschlissenen Lieblingshosen nun gar nicht mehr hergeben, sondern immer nur antworten: „Hey, die sind grad so schön abgewrackt."

Abwracken, so viel steht fest, wird unsere Welt verändern. Vielmehr, es hat unsere Welt verändert. Nicht nur, weil ich nun tatsächlich und erstmalig während meiner achtunddreißig Jahre auf dieser Welt Teil der Neuautokäufer geworden bin – sarkastisch kommentiert von meinem Mann auf der Rückfahrt vom Autohaus mit den Worten „Jetzt haben wir es geschafft!" –, sondern auch, weil der Autokauf zu mancher Erkenntnis und Offenbarung geführt hat. Zum einen brach da plötzlich eine verpönte und unterdrückte Lust am Automobil heraus. Bei unseren Kindern offen und krass – alle Quartett-Kenntnisse über Beschleunigung und Umdrehungszahlen wurden zum Besten gegeben, beim ältesten meiner männlichen Mitbewohner leicht verschämt. Zum anderen aber waren da plötzlich Zweifel. Sosehr unsere alte Schese zuvor verflucht wurde, weil man sich darin vor Motorengeräusch kaum unterhalten konnte, weil die Kupplung ausgeleiert war, weil das Auto einfach nicht beschleunigen wollte, wenn ein Trecker überholt wurde, sosehr schien sie doch plötzlich noch ganz okay, sparsam im Verbrauch, geringer CO_2-Ausstoß und erstaunlich praktisch.

Der Verkäufer, ein ausgesprochen fairer und unaufdringlicher Vertreter seines Standes, erzählte von der Zeit nach der deutschen Wiedervereinigung. Als Millionen ehemalige DDR-Bürger, durch den Umtausch der alten Währung im Verhältnis eins zu eins mittelmäßig solvent, die westdeutschen Altautos aufkauften. Von einer Goldgräberstimmung, dass sein Chef am Wochenende ins benachbarte Ausland fuhr, die Taschen voller Bargeld, und an Gebrauchtwagen aufkaufte, was er kriegen konnte, und dass die Wagen ihm schon bei der Einfahrt auf den Hof abgekauft wurden. Es werden zu einem nicht geringen Teil diese Autos sein, die jetzt abgewrackt werden – doppelt staatlich gefördert.

Es war dann schließlich nicht die Vernunft ausschlaggebend, ein neues Auto (das sparsamste und preiswerteste dann doch) zu bestellen, als vielmehr der Geschäftssinn. Zweitausendfünfhundert würden wir nie für den kleinen, silbernen Blechbolzen bekommen. Zweitausendfünfhundert fürs Abwracken. Wenngleich dafür knapp zehntausend bezahlt werden mussten.

Die Erkenntnis wäre, dass ein durch und durch kapitalistisches Anliegen zu erhöhten Ausgaben führen kann. Und wenn man das verallgemeinert, kapiert man, wieso die Wirtschaft immer weiter wächst (außer im nächsten Jahr), und wenn sich Banken so verhalten, dann kapiert man, wieso es zu der Finanzkrise kommen konnte. Das ganze Wirtschaftssystem ist – mit einem Wort – abgewrackt.

Blog oder Kolumne

„Du schreibst doch diese Kolumne – mach doch mal ein Blog", wurde mir neulich gesagt. Meiner unmittelbar ausgelöstenAbwehrhaltung zum Trotz fragte ich, wie das gemeint war. Schriftsteller und Schriftstellerinnen haben ja ihren Preis, und das heißt umgekehrt auch, dass sie in einem gewissen Maß käuflich sind. Aber mein Gegenüber hatte mir kein Jobangebot gemacht, sondern wollte, dass ich auf meiner Homepage täglich oder zweitäglich ein kleines Stückchen zu irgendwas schreibe.

„Ich stell doch dauernd was Neues auf die Seite, unter anderem auch die Kolumnen", antwortete ich.

„Nee, das ist es nicht. Ein Blog, da kann jeder drauf antworten. Das ist interaktiv. Da kann jeder seine Meinung sagen." So sehen Idealisten das Internet: subjektiv, demokratisch und irgendwie anarchistisch, wild, cool. Und die Blogger, das sind Szenetypen mit Ziegenbärten, Ohrringen und Punkfrisuren.

„Und was, wenn die meine Kolumnen oder Blogs nicht mögen? Warum sollte ich jemanden auffordern, mir seine Meinung zu sagen, wenn ich auch ohne seine Meinung gut klarkomme?", fragte ich.

„Weil das die Leute mögen. Weil du dann richtig viel Traffic auf deine Page kriegst. Nur fünf Prozent der Leute im Internet informieren sich über die klassischen Seiten. Die allermeisten holen sich ihre Infos aus Blogs. Und dann, wenn du ganz viele Followers hast, kannst du auch Inhalte setzen. Zum Beispiel kriegen viel mehr Leute mit, wenn du ein neues Buch geschrieben hast."

Ich musste noch eine Weile auf Traffic, Page und Followers rumkauen und war mir nicht sicher, dass ich alles verstanden hatte.

„Ich hab grad ein neues ...", sagte ich unkonzentriert.

„Eben", sagte er, „aber jetzt ist es für das Buch schon zu spät!"

Ich wusste nicht, was Ursache und was Wirkung war, seine krude Sprache, die mir das Thema Blog verleidete, oder mein Misstrauen gegen Blogs, das mich plötzlich mit Sorge erfüllte, die Internetkommunikation könnte unsere Freundschaft zerstören. Und schließlich konnte ich den Gedanken nicht abschütteln, dass nicht jeder alles sagen muss. Ziemlich undemokratisch, ich weiß.

Dennoch las ich einige Blogs. Und einige waren tatsächlich witzig, ironisch, persönlich, fast wie Literatur. Anarchistisch und utopisch schien mir das alles jedenfalls nicht zu sein. Eher ein neues Geschäftsfeld. Die Hälfte der Blogs, die ich mir anschaute, war professionell und klar in eine Kommerzstrategie eingebaut, genau wie mein Freund gesagt hat. Was sie unterschied von einer Kolumne, einem kleinen Essay wie diesem, war der Ton. Er war irgendwie schrill, irgendwie reißerisch, irgendwie so, als sei das, was jetzt erzählt wurde, das einzig Interessante, was an diesem Tag passiert ist.

Eine Kolumne, wie ich sie mag, folgt einem Gedanken auf seinen Wegen und Umwegen, aber immer in der Bescheidenheit, dass er keine Nachricht ist. Zu einer Kolumne passt ganz gut eine warme Tasse in der Hand und vielleicht der Geruch von Brötchen. Den Laptop hochzufahren, um sie zu lesen, das passt nicht zu ihr. Und jeder und jede soll seine oder ihre Haare so tragen, wie er oder sie will.

Die Geschichte der Kugelschreiber

Die Geschichte der Kugelschreiber in unserem Haushalt ist eine eigene. Das meine ich wörtlich. Die Dinger scheinen ein Eigenleben zu haben. Sie kommen und gehen. Nur achtet man nicht darauf. Kugelschreiber scheinen zu den unwichtigsten und unbeachtetsten Dingen des Alltags zu gehören. Die meisten sind Werbegeschenke, also nichts wert. (Dass sie etwas kosten und ob die Werbung, die sie machen, die Kosten rechtfertigt, ist eine andere Frage. Höchste Zeit also, dass man ihnen eine Kolumne widmet.)

Kugelschreiber stecken bei uns an drei verschiedenen Orten in verschiedenen Gefäßen, einem von Kindern bemalten Blumentopf, einer Vase und einer an der Wand hängenden Ich-halte-Ordnung-in-meinem-Büro-Vorrichtung eines schwedischen Möbelhauses. Diese Ordnungshaltungsvorrichtung hätte man sich allerdings schenken können, denn die Männer meiner Familie – und sie besteht nur aus Männern – nutzen sie, um blindlings alles, was so herumliegt, Schraubenzieher, Nägel, Visitenkarten (eigene und gesammelte), Post-its, CD-Hüllen, Büroklammern et cetera hineinzustopfen. Nur Kugelschreiber nicht. Auf merkwürdige Weise werden die Kugelschreiber nie wieder in die Bürohalterung zurückgesteckt (mein Verdacht richtet sich speziell gegen einen meiner männlichen Mitbewohner, mit dem ich mir ein Büro teile). Dafür wächst die Summe der Kugelschreiber in der Vase und in dem Blumentopf stetig an.

Nun liegt der Verdacht nahe, dass die Bürokugelschreiber in die Vase und in den Blumentopf wandern. Aber so ist es nicht. Denn wenn auch kaum ein Kugelschreiber gekauft ist, so habe ich doch Lieblingskugelschreiber, einige, die besonders gut in der Hand liegen, andere, die besonders weich auf dem Papier sind. Und häufig suche ich sie und finde sie nicht – auch nicht in der Vase. Das ist nun doppelt ärgerlich, weil es, wie ich weiß, den männlichen Wesen um mich herum komplett egal ist, womit sie schreiben. Auf Nachfragen, wo die guten Kugelschreiber geblieben sind, zucken sie nur mit den Achseln und machen mich mit ihrem fragenden Gesichtsausdruck glauben, dass sie gar nicht wussten, dass es so etwas überhaupt gibt. Dafür kramen sie in ihren Jacken- und Umhängetaschen und befördern neue Kugelschreiber heraus, stopfen sie in die Vase und gehen ihrer Wege.

Irgendwo in der Welt muss eine riesige Kugelschreiber-Umtauschaktion im Gange sein. Als ich neulich endlich mal wieder mit meinem Büromitbewohner eine gemeinsame Lesung hatte, spähte ich in ihren Abgrund. Als wir nämlich am Ende Bücher signierten, musste ich ihm erst meinen Kugelschreiber leihen, dann hatte er plötzlich einen eigenen, und als wir im Auto saßen, fehlten beide, dafür hatte er zwei neue.

Aber die Geschichte der Kugelschreiber ist nicht nur eine vom Finden und Verlieren (oder schlimmer: vom Schenken und Klauen). Es ist auch eine des sozialen Aufstiegs. Anhand der Kugelschreiber kann man sehen, wie die technische Entwicklung in Deutschland voranging – von kleckernden Minen und sprödem Plastik, bei dem der Clip abbrach, sobald man ihn benutzte, hin zu welchen mit Metallhülle, die wie ein Füller über das Papier gleiten. Die Kugelschreiber haben sich während der permanenten Fluktuation fraglos verändert, und zwar verbessert. Früher waren es Wahlkampfgeschenke aller möglichen Parteien, Mitgaben von Banken, der Post oder Autowerkstätten, heute sind sie vom Land Schleswig-Holstein, aus Hotels und den Büros großer Verlage. Und die der Autowerkstätten sind protziger, als würde man mir jetzt größere Autos zutrauen.

Eine Sozialgeschichte Deutschlands anhand seiner Kugelschreiber – das dürfte aufschlussreich werden …

Literatur im Ring

Zwei Dinge passierten neulich gleichzeitig. Ich bereitete mich auf einen Workshop zu Bertolt Brecht vor, den ich demnächst gebe, und las dabei von seiner Jugendfreundschaft zu dem Boxer und mehrfachen deutschen Meister Paul Samson-Körner. Dass Brecht mehrfach über das Boxen geschrieben hat, fand ich irgendwie kurios. Und als ich dann die Schreibtischlampe ausknipste und nach Spuren noch nicht schlafenden Lebens im Haus suchte, fand ich den ältesten meiner Männer vor dem Fernseher eine Box-übertragung gucken. Erstaunt stellte ich mich dazu und sah eine Weile zu. Es war nicht besonders lustig. Der eine hatte ein zerschlagenes Auge, und der andere schien nicht mehr ganz bei Sinnen zu sein. „Wer von denen ist Henry Maske?", fragte ich. „Eins zu null für dich", sagte er und knipste den Fernseher aus.

Ich erzählte von Brecht. Er wusste das schon und sagte, er habe neulich gelesen, dass James Joyce und Arno Schmidt 1930 gegeneinander geboxt hätten. James Joyce ist einer der von mir am meisten verehrten Schriftsteller, dessen Literatur voller Anspielungen steckt und mit einem leisen Witz arbeitet. Das Gleiche würden vermutlich viele über Arno Schmidt sagen, den ich aber nie wirklich gelesen habe. Sein Buch „Zettels Traum", eine Variation des Sommernachtstraums, hat ungefähr die Ausmaße eines mittleren Plasmabildschirms und das Gewicht einer schweren Hantel. Er schrieb, nun sagen wir mal, Freistil. Kostprobe aus seinem Boxbericht in „Zettels Traum": „Er blies die Bakkn so fürchterlich auf,/daß P lauthals lachDe; und ihm zu=rief): ‚Schlukkn Se erstma den Eenn runter ! –'/(Worauf Jener Ihm die rothaarije Faust zu=ballerte :!"

Dass Schmidt und Joyce beide Boxer waren, wusste ich nicht. „Gibt's auch Schriftsteller, die Boxen nicht mögen?", fragte ich.

„Ernest Hemingway …", setzte er an. Ich unterbrach: „Hemingway wusste ich auch. Aber der fand auch Stierkampf und Hochseeangeln gut und die Stierhatz in Pamplona." Und während ich redete, dämmerte mir, dass Schriftsteller, die Boxen nicht mögen, es vermutlich nicht zugeben würden, denn offensichtlich gehört es zu einer bestimmten Vorstellung vom Schreiben. Einer männlichen Vorstellung, möchte ich hinzufügen. Literatur soll ungestüm sein und irgendwie wild. Dafür aber braucht es eine gute Technik und auch Training.

Jetzt fällt mir ein, dass auch ich schon mal gehört habe, wie ein mir nahestehender Schriftsteller von sich sagte, er habe gerade ein Kapitel weggehauen. Und dass man sich durch ein Buch kämpft, das sagen sogar diejenigen, die es lesen. Aber es ist mehr als nur die Metaphorik, die Schriftsteller Boxen mögen lässt, es ist die Weltwahrnehmung: als einsames Genie, nur auf sich allein gestellt, einer feindlichen Welt gegenüber. Und die Schläge, die man einsteckt, die kann kein Mensch nachfühlen, weil Schmerz immer individuell ist.

Ich halte das für Stilisierung und für eine Schutzbehauptung. Literatur ist bei Weitem weniger einsam und eher ein Mannschaftssport als Boxen. Kreativität entsteht durch einen Austausch, nicht durchs Einstecken. Aber an jenem Abend wollte ich mich nicht verkämpfen. Am nächsten Morgen jedoch las ich die Geschichte des Boxkampfes zwischen Joyce und dem deutschen Talent Schmidt nach. Joyce gewann – obwohl schon Ende vierzig – gegen den dreißig Jahre jüngeren Schmidt. Joyce hatte keine Ahnung, gegen wen er da kämpfte, Schmidt aber wollte damals schon Schriftsteller werden. Später bewunderte er seinen Bezwinger, und Joyce gewann großen Einfluss auf ihn. Vielleicht ja wegen der Niederlage, die er einstecken musste. Manchen Männern muss man Literatur wohl buchstäblich einprügeln.

Ach, ich weiß auch nicht

Fernsehen gehört nicht zu meinen bevorzugten Beschäftigungen, wobei ich den Unterhaltungswert eines guten Spielfilms wie auch die Abhängephasen und das hirnlose Rumzappen kenne und manchmal auch zu schätzen weiß. Ersterer wird allerdings im Moment stark zurückgedrängt und Letzteres immer schwieriger. Die Zeit der Rosenmontagssitzungen und Karnevalsveranstaltungen hat begonnen, und die ist für Norddeutsche einfach eine Zumutung und noch nicht mal als Aufreger unterhaltsam.

Parallel dazu beginnen neue Staffeln der Privatfernsehen-Mitmachreihen. Die haben eine größere Verführungswirkung (dafür werden sie ja gemacht), aber im Grunde schaut man sie mit einer Mischung aus schlechtem Gewissen und dem Wissen, dass man jetzt ein schlechtes Gewissen haben müsste. (Meine Erklärung für ihren Erfolg ist eben das: Menschen wollen einmal was halbwegs Verpöntes tun).

In einer dieser Sendungen, in die ich geraten war, wurde in der Werbepause eine dieser „Gewinnen Sie ein Auto"-Fragen gestellt, mit der die Sender Telefongebühren scheffeln. Die Frage lautete, wer denn die gerade geschaute Sendung moderiere: der Moderator (ohnehin bekannt genug), dessen Name die ganze Zeit eingeblendet war, oder irgendein anderer Name, den ich noch nie gehört hatte (vielleicht war er zielgruppenbekannt).

Sie kennen dieses Schema sicher aus diversen Sendungen (und ich meine nicht diese Mitternachtssendungen, wo armselige Männchen oder armselig bekleidete Weibchen idiotische Kreuzworträtsel mit Hilfe des Publikums zu lösen versuchen). In Fußballspielpausen wird gefragt, wie der Nationaltrainer heißt, a.) Jogi Löw oder b.) Thomas Gottschalk. Bei Wetten, dass …? wird gefragt, wer Wetten, dass …? seit gefühlten einhundertzwanzig

Jahren moderiert, a.) Thomas Gottschalk oder b.) Angela Merkel. Und so weiter und so fort (fehlt bloß noch, dass im Anschluss an die Tagesschau gefragt wird, wer Deutschland regiert, a.) Angela Merkel oder b.) „Ach, ich weiß auch nicht").

Das brachte mich auf folgendes Gedankenspiel. Was würde passieren, wenn alle Zuschauer tatsächlich immer die so offensichtlich falsche Antwort wählen würden? Wenn die Fernsehleute dann verkünden müssten, wir konnten unser Auto leider nicht verlosen, alle Antworten waren falsch? Was würde die Boulevardzeitung mit den großen Überschriften am nächsten Tag titeln? „Deutsche zu doof für die einfachsten Fragen?" Eher nicht. Vielleicht: „Wir lassen uns nicht mehr für dumm verkaufen!" Vielleicht aber würde diese Zeitung zusammenbrechen, weil ihre Macher erkennen würden, dass ein Gutteil ihrer Meldungen nach dem gleichen Dummbachs-Schema funktioniert.

Und vielleicht würden die Politiker aufschrecken. Wenn die Deutschen nicht mehr glauben, dass Thomas Gottschalk kein Bundestrainer ist, dann glauben sie den Schaufensterreden ja vielleicht auch nicht mehr. Und die Schule würde sich ändern, weil die Schüler und Schülerinnen, die das im Fernsehen erlebt haben, plötzlich erkennen, dass es nicht nur dumme Fragen gibt, sondern auch kluge Antworten. Vielleicht würden sich die Nachbarn morgens beim Bäcker zugrinsen, na, hast du auch Gottschalk gewählt? Eine Art Verschwörerkultur würde einziehen, aus der dann eine Vertrauenskultur erwachsen würde, eine, die die Ironie und Leichtigkeit dieses Streichs beibehalten würde. Vielleicht würde ein unsichtbares Band wachsen, ein Wissen, dass man Dinge einfach nur mal machen muss.

Sütterlin

Neulich auf dem Amt: Ich stand in einem Zimmer, um meinen Antrag bearbeiten zu lassen und meine Gebühr zu entrichten, und an der Wand standen Regale voller alter Ordner und Ablagen. Und wenn ich alt sage, dann meine ich das in diesem Fall auch. Sie reichten weit vor den Zweiten Weltkrieg zurück. Standesamtliche Einträge waren darin aus einer Zeit, als Männer noch gezwirbelte Schnurrbärte trugen. (Auch das so ein Ausdruck, über dessen Kultur man nicht nachdenkt. Heute gibt es rasierte und unrasierte Männergesichter und manchmal auch noch bärtige. Aber dass man einem Bart mit Haarwachs eine Form gibt, ist nur noch seltenst Praxis.)

Ich kam ins Gespräch, und der Amtmann erzählte mir von seinen Problemen (den beruflichen, versteht sich). Ein Großteil der Dokumente sei in Sütterlinschrift verfasst, und er könne sie nicht immer entziffern. Und die Kollegen, die die alte Handschrift noch lesen konnten und die er früher um Rat fragen konnte, seien alle inzwischen im Ruhestand – oder schlimmer noch, verstorben. Es gebe einfach immer weniger Menschen, die diese Dokumente lesen könnten.

Zu Hause schlug ich nach, was es mit der Sütterlinschrift auf sich hatte, und erfuhr allerlei Bemerkenswertes, so dass es eine im Kaiserreich als Reform und Vereinheitlichung eingeführte Schrift war, dass Sütterlin der Name ihres Erfinders war und dass sie eine Vereinfachung gegenüber anderen gebräuchlichen Schriften darstellte, worauf ich nicht ohne Weiteres gekommen wäre. Man schrieb damals sehr schräg mit großen Unter- und Oberlängen und einem veränderlichen Strich, was zwar sehr dekorativ war, aber technisch schwer zu lernen. Um den Kindern das Schreibenlernen zu erleichtern, vereinfachte Sütterlin die Buchstabenformen, verringerte die Ober- und Unterlängen und stellte die relativ breiten Buchstaben aufrecht.

Ich erinnere mich an Sütterlinschriftbilder. Meine Oma schrieb früher Postkarten – und ich konnte sie nicht lesen. Auch meine Oma ist lange tot. Und einmal in der Schule, vielleicht war es in der vierten Klasse, malte unsere Lehrerin Zeichen an die Tafel, die wie Runen aussahen und die wir mit Freude abmalten, aber nie lernten. Schon damals hatte diese Schrift etwas Faszinierendes. Da gab es mitten im Leben ein Geheimnis, eine Geheimschrift. Es hatte etwas von Briefen mit Zitronensaft oder dem Versetzen der Buchstaben durch den nächstfolgenden. Es gab ein Wissen, das nur wenige teilten. Jetzt sterben diese Wenigen aus. Und in den Grundschulen lernen die Kinder eine vereinfachte Ausgangsschrift, die die Schreibschrift mittelfristig verdrängen wird.

Das Erstaunliche ist, dass sich mit den Schriften ein Geist verbindet. Ich weiß natürlich, dass ich den nur reininterpretiere. Dennoch kommt es mir so vor, dass ein Liebesbrief in Sütterlin geschrieben nicht die gleiche Liebe ausdrücken kann wie die, die ich mit dem Computer beschreibe. Und ich weiß, dass mit der Schrift auch eine andere Art des Denkens und Handelns verbunden ist.

Vielleicht werden auch meine Kinder später einmal, wenn sie auf dem Dachboden hinter dem Regal die Kiste mit meinen alten Liebesbriefen finden, sie nicht mehr verstehen – weder lesen noch begreifen können. Und das ist doch auch irgendwie ein tröstlicher Gedanke. Die Schrift bewahrt die Geheimnisse eines Lebens wie ein Zauberspruch im Märchen und verschließt sie vor den Augen all derer, die sie nicht verstehen können.

Progressiv bestrafen

Ich ziehe Handballgucken Fußballgucken aus drei Gründen vor. Zum einen ist es deutlich spannender, die Tore fallen gegenüber Fußball fast im Faktor eins zu acht (eigene Hochrechnung), und meistens sind sie auch noch mit einer körperlichen Akrobatik verbunden, die wirklich bewundernswert ist. Zweitens finden die Weltmeisterschaften und Europameisterschaften beim Handball deutlich häufiger statt als beim Fußball. Drittens ist es lehrreicher. Und das meine ich im sprachlichen Sinn.

Mein Lieblingsspruch bei Fußballübertragungen ist: „Der Pfosten hat gerettet", als ob ein Pfosten sich bewegen oder tatsächlich tätig eingreifen könnte. Ein Pfostenschuss ist ein Schuss am Tor vorbei. Der Rest ist eine Verschönerung des Scheiterns. Diese aber wird im Handball noch überboten, indem ich bei einer Reportage jüngst den schönen Satz aufschnappen durfte: „Knapp vorbei getroffen." Das ist um sosehr viel verständnisvoller gesagt als „Kann der Typ nicht zielen?" „Vorbei" ist das eine, „getroffen" das andere. Beides zusammen ist eine neue Logik – und zwar eine, die sich durch die ganze Handballsprache zieht.

Schön zum Beispiel der Ausdruck „technischer Fehler". Er meint, dass einige Spieler den Ball einfach nicht fangen können. Ich hab zuerst gar nicht verstanden, dass der Sachverhalt so simpel war. Bei „technischem Fehler" hab ich an etwas ganz Kompliziertes gedacht, mindestens einen Schrittfehler, vielleicht aber auch die mangelhafte Ausführung eines bestimmten Tricks. Wenn beim Eiskunstlauf – eigentlich meine Lieblingssportart – jemand hinfällt, nennt man das Sturz. Wenn ein Handballspieler aber den Ball nicht fängt, dann sagt man: technischer Fehler. In diese Logik passt, dass erfolgreiche Abschlüsse von Tempogegenstößen „einfache Tore" genannt werden, wobei die Verlustquote bei weiten Pässen übers Spielfeld ungefähr die höchste sein dürfte und die Tore, die trotzdem fallen, zu den schwierigsten und schönsten zählen. Vielleicht spielen meine Jungs deshalb so gern Handball. Und vielleicht lässt sich das ja auch zu Hause anwenden. Wenn jemand einen Teller fallen lässt, dann sage ich in Zukunft nicht: „Pass doch auf!", sondern: „Oh, ein technischer Fehler!" Wenn jemand mit sieben Fehlern im Diktat nach Hause kommt, dann war es nicht mangelnde Konzentration oder einfach nur, dass er schlecht war, sondern technisches Rechtschreibeversagen. Klingt ja netter.

Noch netter klingt allerdings „progressiv bestrafen". Es bedeutet wohl, dass man drei mal zwei Minuten Zeitstrafen bekommt, bevor man rausfliegt, es bedeutet, dass die Schiedsrichter nicht gleich mit der Höchststrafe ansetzen, sondern erst mal reden und verwarnen und dann jemandem die gelbe Karte zeigen, es bedeutet im Grunde, dass Strafen relativ eingesetzt werden. Und das bedeutet auch, dass es keine klaren Grenzen gibt, sondern nur eine Strategie. Wenn mir also demnächst einmal der Geduldsfaden reißen sollte, dann werde ich zweimal durchatmen und mir sagen, ganz ruhig, du musst progressiv vorgehen. Nicht einfach schimpfen, es muss immer noch Luft nach oben bleiben, dass du noch schlechtere Laune kriegen kannst.

Das letzte Handballspiel, das wir sahen, war ein fürchterliches Gerupse und Geschubse. Den Männern um mich herum hat es gut gefallen. Bis dann die Schiedsrichterentscheidungen immer merkwürdiger wurden. Oder soll ich sagen, „progressiver"? Jedenfalls ließen sie viel Raum für Interpretationen und für Luft nach oben. Und schließlich schied Deutschland, da waren sich alle einig, wegen der Schiedsrichter aus. Und ich frage mich, ob die Handball-Noblesse des „knapp vorbei getroffen" und der „technischen Fehler" wirklich so ein Fortschritt ist. Ob nicht einfach vorbei vorbei sein sollte und einen Ball nicht zu fangen einfach nur schlecht. Und ob eine Strafe nicht taktisch, sondern ehrlich gegeben werden sollte. Wer jedenfalls ständig um den heißen Brei herumredet, darf sich nicht beschweren, wenn das Essen kalt wird.

Brecht im Zug

Wenn man auf einer Lesereise, sagen wir nach Dortmund, Aurich oder Erfurt ist, dann weiß ich nur eines sicher: Der Bahnchef ist nicht mein Freund. Dass man an Adventssamstagen nur halbe ICEs einsetzt, dass Leute stundenlang in überfüllten Waggons stehen müssen, dass man ab zweiundzwanzig Uhr dreißig von Hamburg nur über Kiel nach Flensburg kommt, vom Umsteigen nachts in Neumünster nicht zu reden, das ist einfach alles unglaublich. So vertrieb ich mir die Warte- und Leidenszeit mit Lesen (oder wie jetzt grad mit dem Laptop auf den Knien).

Für ein Seminar, das ich kürzlich gab, las ich eine Biografie über Bertolt Brecht. Und plötzlich begriff ich, mit eingeklemmten Beinen und gestautem Blutfluss, was Brechts Flucht, was das Leben nach 1933 wirklich bedeutete. Nicht nur, dass Brecht mit seiner ganzen Familie, die ja bekanntermaßen aus mehr als einer Frau bestand, nicht nach Westen fuhr, um nach Amerika auszuwandern, sondern mit der Transsibirischen Eisenbahn quer durch Russland nach Wladiwostok. Was er wohl über die Wartezeiten und die Überfüllung der Züge gesagt hat …

Neben der Reise durch ein von Stalin geknechtetes und von Hitler bedrohtes Land ist daran vor allen Dingen besonders, dass die Welt nach Westen ab 1939 sozusagen abgeschnitten war. Ich wusste natürlich ungefähr den Front- und Kriegsverlauf im Zweiten Weltkrieg, aber welche Auswirkungen das auf die Weltperspektive derjenigen hatte, die um Deutschland herumwollten, das hatte ich mir so genau nie klar gemacht.

Überhaupt – die Perspektive auf und aus Deutschland. Brecht floh 1933 nach Svendborg in Dänemark. Immer wieder besuchten ihn Freunde, Bekannte wie Walter Benjamin oder Hanns Eisler. Aber immer öfter kam es vor, dass die Freunde nicht kamen, sondern starben. Nach dem Sieg von Franco in Spanien und dem Schulterschluss Stalins mit Hitler im Jahr 1939 schwanden alle Hoffnungen auf eine Eindämmung des europäischen Faschismus, viele Freunde Brechts begingen Selbstmord oder wurden in der Haft ermordet.

Die, die nicht starben, flüchteten in die USA. Die meisten Emigranten versuchten ihr Glück in Hollywood. Los Angeles oder „New Weimar" beherbergte 1940 deutsche Intellektuelle einer ganzen Epoche. So auch schließlich Brecht, nachdem er die Odyssee im Zug nach Wladiwostok geschafft hatte, nachdem er seine ganze Gruppe auf einem Frachter untergebracht hatte, der allerdings keineswegs direkt nach Kalifornien dampfte, sondern den Umweg über die Philippinen nahm (was klag ich über den Umweg über Kiel ...) und schließlich in Mexiko landete.

Sonderlich erfolgreich war Brecht jedoch in den USA nicht. Er sprach schlecht Englisch, und seine Stücke wurden nur in kleinen Theatern gespielt, vom Broadway keine Rede. Dabei bemühte er sich durchaus um größeren Erfolg, litt unter Prestigeverlust und Geldknappheit. Den großbürgerlichen Thomas Mann konnte er auch deshalb nicht gut leiden, weil dieser erfolgreicher war als er selbst. Als Brecht des Kommunismus beschuldigt und vor das McCarthy-Tribunal geladen wurde, sagte er, dass er nie Kommunist gewesen sei. Bis heute streiten sich die Literaturgelehrten, ob er gelogen oder „Mitglied der kommunistischen Partei" gemeint hat. Letzteres war er zweifellos nicht. Ich meine jedoch, dass er überhaupt kein Kommunist war. Er war nur ausgehungert nach Anerkennung. Die wurde ihm dann in der DDR zuteil.

Auch seine Rückreise war eine Katastrophe, weil Deutschland in Besatzungszonen aufgeteilt war und man ewig an den Grenzübergängen warten musste. Die Zugfahrten verzögerten sich Stunde um Stunde, Tag um Tag. Als dann schließlich die Kommunisten sagten: „Hier bist du am Ziel, hier bist du willkommen", da sagte Brecht: „Okay, ich gehöre dazu." Und die Moral meiner Brecht-Lektüre im Zug: Die Bahn sollte vorsichtig sein, was sie uns alles zumutet.

System oder Willkür

Alle meine Kinder schleppten einmal im Leben die gleiche Empörung mit aus der Schule nach Hause: Die Lehrerin hatte sie umgesetzt. Nicht aus Strafe, etwa weil sie ununterbrochen mit ihren Nachbarn geredet hätten, sondern weil die Klasse als Ganzes umgesetzt wurde, eine Art angeordnete Freundschaftsdurchmischung. Eben das war der Skandal. Die Sitzordnung war ein Ritual. Und es ging die Lehrerin nichts an, wie sich die Kinder arrangiert hatten – fanden die Kinder (wo kämen wir denn hin, wenn das die Lehrerin nichts anginge – als Nächstes wäre es egal, wie sie sich mit der Mathematik arrangieren …)

Was sie berichteten, kannte ich auch aus meiner Schulzeit, jene Ordnung, die sich findet und dann als unveränderlich gilt. So ist es auch im Negativen. Kommt man zu einer Besprechung und setzt sich an den Tisch auf einen Platz, der sonst einem anderen reserviert war, löst man eine Kettenreaktion bis hin zu gruppendynamischer Anarchie aus. Eine ganze soziale Struktur gerät in Konfusion. Spannend. Revolutionen im Alltag.

Aber das eigentlich Spannende ist nicht der Umsturz, es ist die Frage, wie Ordnungen überhaupt entstehen. Dazu ein paar einfache Fragen im Stile von Max Frischs Fragebogen:

Schlafen Sie mit Ihrem Partner/Ihrer Partnerin in einem Bett? Falls ja, schlafen Sie immer auf der gleichen Seite? Welcher? Warum? Und haben Sie einmal probiert, die Seite zu ändern? Überraschen Sie Ihren Partner oder Ihre Partnerin doch einmal! Sitzen Sie in Mittagspausen oder beim Frühstück mit Freunden oder Familienmitgliedern zusammen an einem Tisch? Sitzen Sie immer am gleichen Platz? Sitzen Sie an der Längs- oder Stirnseite? Würden Sie gern einmal an einem anderen Platz sitzen? Meinen Sie, Ihr Platz ist besser oder schlechter (zum Beispiel bezüglich der Lichtverhältnisse, des Ausblicks, des Gangs zum Kühlschrank ...) als andere Plätze? Oder ist es Ihnen egal? Wenn Ihnen das egal ist, ist es nicht eine Geringschätzung Ihrer Freunde oder Familienmitglieder?

Auf Fotos, auf denen Sie mit einer Gruppe Menschen abgebildet sind, zum Beispiel mit Ihren Geschwistern, haben Sie auch da einen festen Platz? Sind Sie zum Beispiel immer rechts? Wenn Sie es sind, wie erklären Sie sich das?

Wenn Sie es nicht sind, wie erklären Sie sich, dass Sie zum Beispiel beim Essen oder Schlafen Ritualen folgen, nicht aber, wenn diese dokumentiert werden? Sind sie Ihnen peinlich? Oder meinen Sie, man braucht auch mal Pause von seinen Zwängen?

Was mich angeht, ich habe neulich die Möbel umgestellt. Ich habe die gesamten Innenwände des Hauses neu gestrichen (grau und gelb, sehr schick, wie ich finde), ich stelle einmal im Jahr die Möbel um, ich probiere neue Gerichte (sehr zu meinem Leidwesen, weil die Spagettifresser um mich herum mit Hausmannskost und Butter und Salz zufrieden sind), ich habe mir – nachdem die Kinder aus allem Möglichen herauswachsen – angewöhnt, meine Schränke konsequent auszumisten, ich denke mir neue Geschichten aus, ich plane und verwerfe die Pläne für die Zukunft, ich bin ganz schlecht darin, mich zu gewöhnen (zum Beispiel an herumliegende Socken). Aber ich schlafe rechts im Bett, ich sitze immer auf dem gleichen Platz am Tisch, und – das war die Entdeckung, die zu dieser Kolumne geführt hat – ich befinde mich auf vielen Gruppenfotos in etwa an der gleichen Stelle.

Wie entsteht eine Ordnung? System oder Willkür oder geheime Kräfte? Vermutlich ist es der Drang, sie zu verändern, der eine Ordnung schafft.

Im Süden des Lebens

In den Osterferien besuchten wir die Orte unserer gemeinsamen Vergangenheit. Das hatte nichts mit Wehmut oder Melancholie zu tun oder Midlife-Crisis oder Selbstvergewisserung. Es war, hoffe ich jedenfalls, Zufall.

Da ist jene kleine Stadt auf Fünen in Dänemark, in der wir vor zehn Jahren ein gutes halbes Jahr lebten und unseren ersten Roman schrieben, auf deren Radwegen mein Mann mit dem Zwillings-Kinderwagen joggen war, wenn ich übermüdet vom Nachtstillen mittags einschlief, und auf deren Stegen wir Quallen und Krebse käschten und an deren Eisdielen wir unsere Kinder mit dem ersten Zucker vertraut machten.

Da ist diese große Stadt am südlichen Rand Schleswig-Holsteins, in der wir fast sechs Jahre lebten und studierten, nicht zum ersten Mal zusammen wohnten, aber doch zum ersten Mal in dem sicheren Wissen, dass das so bleiben sollte. Ihre Kneipen, ihre Parks, der gepflasterte Campus der Universität, auf dem so viele Schritte von uns liegen, der Dammtorbahnhof, von dem so viele Reisen ausgingen, und der kleine Buchladen, vor dem wir uns immer getroffen haben, wenn wir abends noch ins Kino wollten. Da ist jene kleine Stadt so richtig im Süden, nur etwas über Rom, in der wir uns zum ersten Mal küssten. Auslöser war eine unmögliche Verabredung – mein heutiger Mann und ich, wir studierten in Freiburg und saßen eines Abends mit unserer Theatergruppe in einer Kneipe und gaben uns zwischen zwei Bieren die Hand, um zu besiegeln, dass der, der in den Pfingstferien nach Italien fuhr, dem anderen Bescheid sagen müsse, damit er mitkommen könnte. Und ich rief an, schon zu Besuch bei Freunden in der Schweiz. Eine Nacht später kam da einer angetrampt, nur um mit mir weiterzutrampen. Wir schliefen in Gemüsegärten, ich machte Straßenmusik unter dem Schiefen Turm, das Geld reichte für Brot und Wein – und die Küsse waren frei.

Jetzt waren wir für vierzehn Tage an all diesen Orten wieder, nun zu sechst, zehn, fünfzehn, fast zwanzig Jahre später. Die Radwege in Dänemark, damals frisch asphaltiert, waren verfallen. Die Kita, in der unser Ältester war, schon wieder renoviert, das Haus, in dem wir gelebt hatten, brauchte neues Reet. In Hamburg hat die Uni aufgerüstet, das Kino ist geschlossen, und der kleine Bücherladen durch einen Buch-Discounter ersetzt, die U-Bahn-Station Hallerstraße, damals ein Einstieg in die Erde neben dem Fußballplatz, auf dem Uwe Seeler noch bolzte, sieht aus wie eine Raumstation, und in Pisa ist der Turm noch weiter abgesackt, sind die Marmorquader wieder grau, sind die Gemüsegärten zu Neubausiedlungen geworden.

Ich stand etwas ratlos vor den Plätzen meiner Erinnerung, den Orten, an denen mein Leben mein Leben wurde. Ich tauschte Blicke mit meinem Mann. Auch er suchte. Nur den Kindern war es egal. Sie nahmen die Welt, wie sie ist. Für uns aber hatte sie sich verändert. Und das war die Entdeckung. Sie hatte sich verändert, nicht wir uns. Nicht ich mich. Sicher, ich bin älter geworden und vieles ist passiert – aber ich bin nicht so alt, wie die Städte geworden sind. Ich habe Falten, aber hier sind die Radwege kaputt, die Kinos geschlossen, die Kirchen baufällig.

Meine Ratlosigkeit, sie kommt daher, dass ich dachte, an den Orten und Plätzen der Vergangenheit spiegelt man sein eigenes Leben, man sieht seine Vergänglichkeit und stellt fest, wie viel Zeit vergangen ist. Aber es war genau umgekehrt. Die Orte spiegelten sich gewissermaßen in meinem Leben. Ich sah, wie alt sie geworden waren, wie abgegriffen und müde sie waren, während ich mich so fühlte, wie ich glaube, dass ich mich damals gefühlt habe. Im Angesicht der Erinnerung war ich jung, aber die Steine des Gedächtnisses, sie waren Grabplatten auf etwas Altem. Die Orte im Süden, sie waren nichts, verglichen mit dem Süden meines Lebens.

Die Logik der Fliege

Ein Frauen ja weitgehend verschlossener Ort sind die öffentlichen Toiletten für Männer. Die privaten, ich weiß gar nicht, ob man das hier so offen schreiben darf, aber letztlich müssen wir alle ja mal, haben in den letzten zwanzig Jahren eine sehr begrüßenswerte Emanzipation hinsichtlich der Sauberkeit erlebt. Als ich anfing zu studieren und plötzlich in gemischt-geschlechtlichen WGs wohnte, da war das Im-Sitzen-Pinkeln noch ein zäher Kampf bei MitbewohnerInnen(!)-Versammlungen. Und es war Anlass für jede Menge dumme Sprüche. Und die Schildchen, die später über einer Menge von Toiletten angebracht wurden, dass Mann sich gefälligst hinzusetzen hätte, waren noch Ausnahmen. Heute ist das anders.

Ich hatte fast schon vergessen, wie sehr Jungs-Klos stinken und wie eklig sie sein können. Bis ich neulich aus Versehen, beziehungsweise weil es keine andere Möglichkeit gab, selbst eines benutzen musste. Hier breche ich die Beschreibung besser ab. Denn obwohl alle Menschen mal müssen – diese Toilette und der sie umgebende Geruch spottete jeder Beschreibung.

Seit kurzer Zeit sind, wie ich dann bei einer kleinen Umfrage in Fachkreisen erfuhr, aber neue Urinale im Gebrauch. Einige von ihnen haben im Pinkelbecken ein Fußballtor, andere eine Fliege ins Porzellan tätowiert. Die Urinale mit der Fliege wurden wohl erstmals auf dem Amsterdamer Flughafen Schiphol eingesetzt – mit einem erstaunlichen Ergebnis. Die Menge des vergossenen, das heißt nicht in das vorgesehene Urinal gelangten Urins wurde um achtzig Prozent reduziert. (Ich konnte zwar keine Zahl finden, wie hoch die Menge absolut war, vermute aber, dass es gut ist, dass ich diese Zahl nicht finden konnte.) Der für die Ordnung in Schiphol zuständige Direktor kommentierte das Ergebnis lakonisch so: Wenn Männer eine Fliege sehen, dann zielen sie darauf. Das ist so nachlässig wie richtig gesprochen. Doch scheint mir, so wie Toilettengänge eben sinnbildlich für das Menschlichste stehen können, die Pointe etwas weiter zu gehen. Denn die Frage ist doch, warum Männer, Auf-Fliegen-Zielen hin oder her, zuvor nicht in der Lage sind, in das Urinal zu pinkeln, obwohl es technisch offensichtlich möglich ist.

Die Frage ist, warum wir uns an der Kasse im Supermarkt aus dem Regal der Süßigkeiten bedienen, wenn wir doch eigentlich keinen Zucker essen wollen. Die Frage ist, warum Leute ein halbes Leben lang ein Fernsehzeitungsabo nicht kündigen, obwohl sie die Zeitung gar nicht lesen. Die Frage ist, warum Menschen nicht den Strom- oder Gasversorger zu saubereren und günstigeren Angeboten wechseln, warum wir die falschen Steuerklassen angeben und die falsche Rentenversicherung wählen.

Um es klar zu sagen: Mein Eindruck ist, dass die Finanzkrise und das Vorbeipinkeln der gleichen Logik folgen. Wir, die Menschen, handeln eben nicht immer vernünftig und nach unseren Interessen. Das wirft ziemlich große, philosophische Fragen nach Freiheit und Wahlmöglichkeiten auf. Offenbar sind Trägheit, Nachlässigkeit, Unlust vor Veränderung et cetera mächtige Ratgeber. Es ist eben nicht so, dass wir das Eis lieber essen als den Apfel, sondern wir greifen zu dem Lebensmittel, das an der Kasse steht oder im Kühlschrank in der Mitte liegt, zu dem Produkt, das alle haben (und wenn es Aktien sind), dem mit der – sinnbildlich gesprochen – Fliege drauf.

Und ich frage mich, ob nicht viele Entscheidungen – private und politische – besser wären, wenn wir die Logik der Fliege ernst nehmen würden und die guten Produkte, Tätigkeiten, Entscheidungen so präsentieren würden, dass Menschen sie einfach eher annehmen als die schlechten.

Auf Sicht

„Auf Sicht fahren" – den Spruch haben Sie sicher schon mal gehört und vielleicht sogar in letzter Zeit. Gewisse Politikerinnen benutzen ihn gern, um die Art ihres Regierens zu beschreiben. Besonders in Zeiten der Finanz- und Wirtschaftskrise wurde „auf Sicht" zum Schlagwort dafür, dass Sicherheit, Umsicht und Vertrauen nach wie vor möglich sind. Allerdings sind die Politikerinnen damit unfreiwillig komisch. Denn „auf Sicht fahren" bedeutet in der Sprache der Seeleute gerade, dass man nicht weiß, wo man sich befindet, dass man den Kurs verloren hat und unter Land fährt, immer entlang der Küste, um sich nicht zu verirren. Im Grunde ist „auf Sicht fahren" ein Eingeständnis des Scheiterns. Aber ich will mich nicht über Politikerinnen lustig machen. Auch mir bescherte diese Metapher kürzlich eine kleine sprachliche Karambolage.

Wir waren in Italien und hatten uns ein Auto gemietet. Ich sitze nicht gern am Steuer – grundsätzlich nicht und erst recht nicht in italienischen Turbostädten, wo Einbahnstraßen nichts gelten, Hupen dafür alles, wo die Busse auf der linken Spur überholen und die Motorroller rechts, um sich dann ohne zu blinken vor einem einzufädeln. Andere mögen das als Herausforderung empfinden, das Monte-Carlo-Rennen endlich einmal nachspielen zu können, ich nicht.

Dafür hatte ich die Karte auf den Knien – und konnte damit wenig anfangen. In so kurzem Wechsel führte uns der Verkehrsfluss durch das Straßengewirr, dass ich bald nicht mehr wusste, wo überhaupt Norden war. Die Stimmung im Auto war schnell gereizt. Die Kinder, die sich eben noch so schön gestritten hatten, verstummten plötzlich, weil ihre Eltern im Begriff waren, es ihnen nachzutun. Ich packte die Karte weg und versuchte mich zu erinnern, wo wir waren, erkannte die Brücke über den Arno, im Hintergrund den Dom, die Mauer, an der wir – noch ohne Auto – an einem glücklicheren Tag Picknick gemacht hatten, den Kreisel mit der gelben Tankstelle. Ich konnte plötzlich Hinweise geben, wie wir uns einordnen mussten und in welche Richtung es gehen sollte. Nur auf die gereizte Frage „Wo sind wir?" konnte ich nicht antworten. Und auf die vorwurfsvolle Aufforderung „Schau doch auf die Karte" sagte ich: „Das bringt nichts. Ich erkenn das besser anders. Ich fahre nach Sicht."

Dann waren wir irgendwann heraus aus der Stadt. Dafür jetzt Weinberge, noch im Winterbraun, die Hügel der Toskana, die Erdfarbe, die an antike Terrakotta-Vasen erinnert. Und dazwischen eine Landstraße mit Schlaglöchern, die jede deutsche Diskussion über den Zustand unserer Straßen beenden würde, andauernder Wechsel der Tempobegrenzung, Überholverbote und die Gleichgültigkeit der Italiener gegenüber den Schildern in ihrem Land. Die Kinder waren wieder da und lasen die Geschwindigkeitsbegrenzungen laut mit, und ich ließ mich anstecken und tat es ihnen nach: „Sechzig!", sagte ich. Wir fuhren neunzig. „Siebzig", als wir hundertzehn fuhren. Und: „Da war jetzt Überholverbot", als wir an einem Laster Rache für die Überholmanöver der Roller nahmen. Unser Fahrer schwieg. Halb konzentriert, halb vergrätzt ob der Kommentare. Und als ich das nächste Mal „achtzig" sagte, wir fuhren vermutlich das Doppelte, kam die Antwort: „Vergiss die Schilder. Ich kann die nicht auch noch lesen. Ich fahre auf Sicht." Es ging alles gut. Wir gaben das Auto am nächsten Tag unzerstört wieder ab. Hoffentlich wird es den anderen Auf-Sicht-Fahrern und -Fahrerinnen ähnlich gehen.

Im Folterkeller der Wohlanständigkeit

Über den engen Gassen der mittelalterlichen Stadt verdüsterte sich der Himmel. Die Fahnen hingen schlaff von den Häuserfassaden, als ob der Untergang ihrer Bewohner unmittelbar bevorstünde. Die Hunde verdrückten sich in die Ecken. Menschen hasteten unter die Unterstände, als die ersten Tropfen fielen. Das Grollen in der Ferne klang wie eine gewaltig heranrückende Heerschar.

Das ist nicht der Anfang eines Schauermärchens oder eines düsteren Jugendromans, sondern eine etwas überstilisierte Reiseerinnerung aus den Osterferien. Auch wir hatten keine Lust, vom Gewitterguss übermannt zu werden, und suchten eine Fluchtmöglichkeit. Mit dem Bauch voller Eis und Cappuccino schieden für uns die Restaurants aus. Und zum Auto war es zu weit, weil in den engen Gassen kein Pkw-Verkehr zugelassen war (sehr löblich!) und alle Kraftfahrzeuge auf einem Parkplatz vor den uneinnehmbaren Mauern standen.

Vor uns schaukelte eine einsame Laterne vor den großen Felsquadern eines alten, richtig alten Torbogens. Wir liefen darauf zu. Der Torbogen hätte als Schutz vor dem Ungemach gereicht, aber als wir ihn erreichten, sahen wir, dass die Laterne keine Laterne war, sondern ein Gitterkäfig, in dem ein noch mit wenigen Hautfetzen und dünnen Haarbüscheln überzogenes Skelett hing. Darunter befand sich der Eingang zum Foltermuseum der Stadt. Der Eintritt war horrend und der pädagogische Nutzen mehr als zweifelhaft. Ich kämpfte darum, den Besuch zu verwehren. Aber da waren das Gewitter und die irgendwie angestachelte, na ja, eigentlich immer vorhandene Neugier meiner Männer auf Räuberpistolen. Und plötzlich argumentierten sie mit Filmen, die sie eigentlich auch noch nicht hätten sehen dürfen, für die ausgestellte Wirklichkeit des Museums. „Komm schon, das ist auch nicht schlimmer als Fluch der Karibik!" Also stiegen wir in den Folterkeller hinab.

Das Erste, was ich sagen kann, ist: Es wäre höchst angebracht, auch Museen mit Altersbeschränkungen zu versehen. Und damit meine ich nicht nur Erotikmuseen, sondern auch bildungsbürgerliche. Ich habe vor gut fünfzehn Jahren in der Hamburger Kunsthalle die Radierungen von Goya über den Spanischen Bürgerkrieg gesehen. Schon da wäre ein „Frei ab achtzehn" angebracht gewesen. Und hier wäre es das auch gewesen. Da standen sie, all die Folterwerkzeuge, mit denen Menschen sich Leid zugefügt haben, die Körper zerlegt, langsam, Stück für Stück und immer darauf bedacht, dass der Tod möglichst spät eintrat und dass der Schmerz mit der Verletzung von Scham einherging. Ich sagte: „Was immer Menschen sich zufügen können, das haben sie getan." Aber das stimmt nicht. Die Perfidie der Werkzeuge ging über alles hinaus, was man sich denken kann. Sie waren die Symbole einer kranken Gesellschaft.

Und das Zweite, was ich sage, ist, dass solche Ausstellungen nicht neutral sein dürfen und darauf vertrauen, dass die Betrachter bestimmt erschauern, sondern dass sie moralisch ächten müssen, was sie zeigen. Da wird über das Verbot von Killerspielen geredet, aber die Schlachthäuser der Menschlichkeit nennen sich Museen. Die Bilder – einige von Goya waren dabei – leisteten am ehesten noch die Abschreckung. Die Texte kommentierten in einer wissenschaftlichen Neutralität, die mich zum ersten Mal wünschen ließ, dass das Englisch meiner Kinder schlecht sein möge.

Und das Dritte, was ich sagen kann, ist: Erschreckender noch als die Tatsache, dass Menschen gefoltert haben, ist, dass sie es heute noch tun. Und mit „heute" meine ich nicht den Zweiten Weltkrieg und die Verbrechen der Nazis, sondern die Gegenwart dieses Jahres.

Magic old Europe

Manchmal bewirken Schimpfworte ja das Gegenteil. Als die USA im Jahr 2003 den Irakkrieg anzettelten und einige europäische Länder sich weigerten mitzutun, prägte der damalige US-Verteidigungsminister Donald Rumsfeld den Begriff vom „old Europe", das nicht in der Gegenwart der Politik angekommen sei.

Die politische Einladung, darauf zu entgegnen und mal kurz zu fragen, ob die tollen Neuerungen denn die Welt zu einer besseren gemacht haben, verkneife ich mir hier. Aber der Begriff „old Europe", „altes Europa", wirkte identitätsstiftend. Seitdem fühle ich mich noch mehr als Europäerin als zuvor – weil Europa etwas Altes ist, weil es vernarbt ist, unsäglich viel Blut in seinen Boden vergossen wurde und weil es vielleicht in der Lage ist, daraus eine Lehre zu ziehen.

Das alte Europa, das ist tatsächlich alt. Und für mich ist es geprägt von dem Aufbau neuer Zivilisationen, dass heißt Formen des Gemeinwesens, auf den Trümmern der alten. Die größte Magie des Alten erlebe ich da, wo sich die Natur und die Menschen im Bau von Zivilisation vereinen. Für mich gibt es drei magische Orte vor allen anderen, die genau das spüren lassen: Venedig, Santorini und Pisa.

Venedig ist auf Wasser gebaut und liegt bald unter dem Wasserspiegel, wenn die Gletscher weiter so schnell schmelzen. Große Tore sollen es schützen, nachhaltiger Klimaschutz wäre wohl besser. Aber die Erhabenheit des Markusplatzes und der Gassen, sie rührt auch daher, dass diese Stadt eigentlich gar nicht mehr da sein dürfte und es dennoch ist.

Santorini ist eine Vulkaninsel in Griechenland, die vor vielen Tausend Jahren in die Luft flog. Einige Forscher meinen in ihr das sagenhafte Atlantis erkennen zu können. Heute liegen um die

Abbruchkante des alten Vulkankegels wie Zuckerwürfel hingestreut die weißen Häuser, Restaurants, Kioske. Und wenn man sich hier abends bei Sonnenuntergang ein Bier gönnt und die horrenden Preise bezahlt, dann weiß man buchstäblich, zu welchen Kosten das Leben auf einer einsamen, weggesprengten Insel möglich ist.

Schließlich Pisa, wo alle guten Geschichten meines Lebens begannen. Der Taxifahrer rät mir, nicht länger als einen Tag hier zu verbringen, und missachtet damit unwissentlich meine Begeisterung. Im Gegensatz zu ihm darf ich ja auch aussteigen und sehe dies: der weiße Marmor des Doms in der Nacht und der Schiefe Turm, der sich über den Rasen neigt und den die Menschen entgegen jeder Vernunft immer weitergebaut haben, obwohl der Boden unter seinen Füßen schon längst nachgegeben hatte.

Der Schiefe Turm symbolisiert für mich den Widerspruch, der das alte Europa ist: die Vergänglichkeit auf Dauer zu stellen. Das ist das geheime Wissen der Kunst, und es ist eine super Antwort auf Donald Rumsfelds Vorwurf, die ich mir nicht verkneife: Neues zu machen ist keine Kunst und eigentlich auch gar nicht schwer. Aber das Alte und im Fall von Wasser, Feuer und Erde das Älteste, die Elemente der Erde umzuformen, das war schon früher ganz dicht dran an Mythos und Geheimwissen, und dieses Geheimnis kann man heute noch spüren an den magischen Orten Europas.

Schwere Knicks

Der mittelalterliche Dichter Walther von der Vogelweide hat in einem seiner Lieder einen Begriff geprägt, der mir nie aus dem Kopf gegangen ist. Er schrieb, dass dies sein „österlicher Tag" gewesen sei. Damit meinte er nicht, dass Ostern ist, sondern dass dies sein „Auferstehungstag" sei. Diese Österlichkeit habe ich in diesem Jahr in der Natur so intensiv erlebt wie lange nicht.

Die letzten Jahre waren entweder früh warm oder nur nass und kalt. Dieser Mai war warm und feucht. Alles war schwer von Fruchtbarkeit. Als ich neulich joggen war, hat mich eine Fliederhecke fast um den Verstand gebracht, so großartig prangten ihre Blütenstände über dem Weg in Lila, Blau und Weiß. Der Raps leuchtete mir morgens entgegen, wenn ich aus den Fenstern schaute, um das Wetter auszuspähen, die schweren Knicks beugten sich im Regenguss, um dann im Sonnenlicht des Tags ihre Blätter zum Trocknen der Sonne entgegenzurecken. Täglich konnte ich zusehen, wie die Esche als letzter Baum in unserem Garten ihre dürren Knochenzweige mit hellem Grün behängte. Überhaupt war das Grün dieses Mais so frisch, wie es in diesem Jahr nicht wieder zu sehen sein wird. Die Weißdornhecken sahen aus, als seien sie mit Schnee bedeckt. Und selbst die giftigen Pflanzen der Knicks, der Goldregen und Fingerhut, konnten sich in diesem Jahr nicht einfach hinter Blättern verstecken und zeigten sich leuchtend.

Beeindruckender noch als das Spiel von Licht und Blüte aber ist der Geruch. Zwar kann ich all denen nicht widersprechen, die finden, dass Raps irgendwie nicht richtig gut riecht, auch blühender Buchsbaum erinnert latent eher an Katzenpisse. Intensität kann ihnen jedoch keiner absprechen. Und vor allem ist da ja noch der Flieder, der einen besoffen macht, der betörende Duft der maßlosen Rhododendren, der morgenfrische Wiesengeruch aus Löwenzahn und allerhand Unbekanntem.

Doch es wäre keine echte Auferstehung, wenn nicht auch die kleinsten und verachtetsten Wesen ihren Anteil an der Pracht des Wachstums hätten. Ich habe Brennnesseln gesehen, hoch wie Zwölfjährige (und Zwölfjährige können groß sein). Und der Rasen wächst (zum Leidwesen aller, die ihn im März gedüngt haben und ihn jetzt wie verrückt mähen müssen) wie besessen. Ebenso der Giersch, der dank seines Wachstumstempos mit einer Überraschung für mich aufwartete: Er blüht ganz dekorativ, dem Wiesenkerbel sehr ähnlich. Ein bisschen beschämt, dass ich dem Giersch jahrelang seine Blüte verwehrt hatte, stellte ich ein paar Zweige in die Vase. Das sah sehr schön aus und war, wie im Garten auch, sehr langlebig.

Während ich das schreibe – ich habe meinen Laptop mit an die Treene genommen und arbeite, während die Kinder im kalten Fluss den Sommeranfang feiern –, weht der Geruch von warmen Kiefernadeln herüber, die Wärme eines Nordsommers von Nadelbaumhölzern in der Sonne. Später wird sich der Staub von Weizenfeldern anschließen, das Gras wird braun werden, das Grün dunkler. Ich weiß, die Zeit der schweren Knicks ist schon wieder fast vorbei. Dafür kommt der Sommer, seine Reife, mit seinen Farben, Braun und Gelb und Rot, mit reifen Erdbeeren, Kirschen und Johannisbeeren. Und doch ist es der Mai, der mir österlich ist.

Der Feldweg spricht

Die ersten Jahre meines Studiums verbrachte ich in Freiburg. Das hatte viel Gutes. Es war dicht an Europas Süden. Frankreich in Radtournähe, die Toskana nur eine Mitfahrgelegenheit von der Mensa entfernt und die Schweiz vor der Haustür. Außerdem gab es dort nette Jungs, einen von ihnen habe ich behalten. Und es gab eingebildete Professoren, wie sonst vielleicht kaum mehr in der deutschen Republik. Die Schlimmsten waren die Schüler des Philosophen Martin Heidegger.

Heidegger hat in Freiburg gelebt, gelehrt und seine Philosophie entlang der Anschauungen des Schwarzwaldes entwickelt. Reisen in die Toskana oder nach Frankreich waren ihm so fremd wie alle Technik und Moderne. Und in einer Art Gegenwartsvergessenheit waren ihm seine Schüler darin treu, was dazu führte, dass Hausarbeiten noch 1992 auf Kohlepapier geschrieben und vervielfältigt wurden, weil Kopierer, geschweige denn Computer, irgendwie nicht geheuer waren.

Heidegger lauschte darauf, was ihm seine Heimat zuraunte. In seinem bekannten Essay „Der Feldweg" klingt das so: „Aber der Zuspruch des Feldwegs spricht nur so lange, als Menschen sind, die, in seiner Luft geboren, ihn hören können. Sie sind Hörige ihrer Herkunft, aber nicht Knechte von Machenschaften." Machenschaften, das sind PCs, Autos, Fernseher.

Ich dachte bislang, das Zuraunen des Feldwegs sei mystische Salbaderei. Bis ich neulich mal wieder auf so einem Feldweg unterwegs war. Und tatsächlich, er sprach zu mir. Es war einer dieser typisch norddeutschen Feldwege, die wir als Kinder immer „Panzerspuren" nannten. Sie führen eigentlich gar nicht durch Felder, sondern vielmehr durch Wälder. Sie bestehen aus zwei schmalen Betonstreifen, getrennt durch einen Grasstreifen, der im Lauf der

Jahre meist zu einem Hügel geworden ist, nicht gemäht wird und bei Radtouren für Erwachsene ein erhöhtes Risiko bei Überholmanövern darstellt, für Kinder dagegen genau wegen dieses Risikos den Spaß an der Sache ausmacht. Nichts scheint schöner zu sein, als mit voller Kraft von einer Betonrille auf die andere zu brettern.

Als mein Jüngster das tat, war es das erste Mal, dass ich einen Feldweg sprechen hörte. Er sagte: „Vorsicht, das geht gleich schief!" Und das Erstaunliche: Er sagte es durch meinen Mund in meiner Sprache. Später, als auch die Kraft der Jüngeren nachließ und ich auf die Zwischentöne des Feldwegs hörte, vernahm ich seine stupide Einsamkeit. Die Nähte der Betonplatten gaben meiner Fahrt ein rhythmisches, dumpfes Rumpeln. Tatack-tatack-tatack sagte der Feldweg. Und ich hörte daraus, wie dreckig es ihm gehen musste, hier jahrein, jahraus im Wald zu liegen.

Heideggers Feldweg war vielleicht nicht aus Beton und nicht zweispurig, und womöglich war der Philosoph auch nie mit seinen Kindern auf einem Rad unterwegs, ja vielleicht war ein Rad selbst nur ein weiteres Produkt der Machenschaften. Ich weiß es nicht. Aber eines weiß ich: Wenn Heidegger den Feldweg richtig verstanden hätte, dann hätte er unmöglich seine Zusprache so falsch interpretieren können. Ein Feldweg sagt nämlich nicht, bleibe hier, sondern sieh zu, dass du Land gewinnst. Mach es nicht wie ich und lass dich abschreiben und vergessen, sondern brich auf in die Welt, auf dass du weiter kommst als ich.

Ich hab Freiburg verlassen. Ich freue mich auf die nächsten Unterhaltungen mit meinem Feldweg. Sie sind gar nicht so dumm, wie ich dachte.

Sein eigener Herr

Da habe ich dreizehn Jahre drauf gewartet. Na ja, vielleicht sieben. Dass alle Kinder einmal gleichzeitig auf Klassenfahrt gehen. Und neulich war es dann so weit. Alle waren weg, das Haus still, und dann gab es einen unglaublichen Moment – dem eine Reihe anderer folgen sollten. Ein kurzer Blick, ein zweiter Kaffee, ein Prüfen der Wetteraussichten und der Termine für die nächsten Tage – tatsächlich hatte auch der allerälteste meiner Jungs sich gegen den Trott gestemmt und diese Tage freigehalten. Und noch während ich es nicht so ganz glauben konnte, polterte er schon die Treppe herunter, den alten Rucksack auf dem Rücken, mit dem ich ihn kennengelernt hatte, und ein Honigkuchengrinsen quer über die Backen. Wir stopften ein paar T-Shirts, Zahnbürste, Wasserflasche, ein Buch hinein und schon ging's los. Nein, eins noch. Das Handy wurde ausgeschaltet (und nur abends wieder kurz angemacht – woran sich gehalten wurde, was ich nicht gedacht hätte).

Wir wanderten. Wir tauchten für vier Tage ein in das unbekannte Land direkt vor unserer Haustür. Die Tour führte uns quer durch Angeln einmal um die Geltinger Birk und wieder zurück. Und ich kann sie allen nur ans Herz legen. Die Hügel, die Kühe im Braun der Tuschkastenfarbe, die ich früher nie benutzt habe, der Duft der Kamille, die an den Feldrändern inzwischen wieder hoch steht, die Knicklandschaft Angelns, das Geißblatt mit seinem süßen Abendduft, der Schweiß, der in der Sonne trocknet, die Erdbeeren, die uns die Pause versüßten, meine eigene und die Erschöpfung des Mannes neben mir (der tapfer und stolz seinen Rucksack mit meinen Klamotten schleppte), die große Freiheit vor der Haustür. Wir stiefelten aufs Geratewohl und voll Gottvertrauen in den Abend und fragten bei Zeltplätzen nach Hütten oder Zimmern – und fanden wunderschöne, preisgünstige und romantische Plätze.

Es war so einfach, wieder auszuwildern, dass ich es jetzt, am Laptop, noch immer gar nicht glauben kann. Und darüber will ich eigentlich schreiben, nicht über die Wanderroute. Im Gegenteil, wenn es auch nur ein bisschen wahr ist, was ich meine, dann kann ich gar keine Empfehlung geben, weil jeder seine eigene finden muss. In einem Buch von uns zitieren wir den französischen Philosophen Albert Camus sinngemäß mit dem Satz, dass sich Freiheit nicht darin beweist, dass man etwas tut, sondern dass man etwas nicht tut. Das ist weise beobachtet. Denn der Fluch des Alltags ist es, das Gefühl zu haben, die Dinge hätten Macht über einen, dominierten einen. Dass man wie angestochen aufspringt und ans Telefon rennt, warum tut man das? Ja, man unterbricht sogar Gespräche, statt später in Ruhe zurückzurufen. Dass man über die Autobahn hetzt, nur um dann die gesparte Zeit sinnlos zu verplempern, dass man abends müde noch den Fernseher anmacht, obwohl man meist nur das Schlafengehen verschleppt, das ist alles schlechte Gewohnheit. Und dass man glaubt, man müsse weit verreisen, um von all dem Abstand zu bekommen, ist der gleiche Fehler.

Setzt man sich einfach mal über Konventionen hinweg, wird man mit einem Freiheitsgefühl, einem Glück belohnt, das billig zu haben und kostbar zu halten ist. Denn zu allen Farben und Bildern und Gerüchen kommt der Stolz über die innere Unabhängigkeit. Diese etwas anarchistische, freche, leidenschaftliche Zufriedenheit, sein eigener Herr zu sein. Das ist selbstverliebt. Zugegeben. Aber das wirklich Große ist: Erlebt man das zu zweit, ich schwöre, man verliebt sich auch in den Anderen.

Lisa, er und ich

Nun haben wir auch so ein Ding. Es hängt an der Windschutz-
scheibe und kann viele Sprachen. Die werden lustvoll eingesetzt,
und irgendjemand in meinem Haushalt meint, dass unsere Kinder so ganz einfach Vokabeln lernen würden, wenn ihnen ständig
jemand vorsagte „left turn ahead" oder „take the next exit". Das
kann die Frauenstimme nicht nur auf Englisch, sondern auch auf
Französisch, Griechisch, Dänisch und bestimmt zwanzig weiteren Sprachen. Dass sie den Weg von ihrem Satelliten aus so gut
sehen kann, wie sie zu tun vorgibt, bezweifle ich hingegen. Die
Dorfausfahrten, die sie auch bei „schnellstem Weg" empfiehlt,
spotten jeder Fahrzeitersparnis. Aber geschenkt.

Als ich einmal Beifahrerin war, musste ich feststellen, dass nicht
nur die Lady aus dem Navigationssystem, sondern vor allem der
Fahrer den zu beschreitenden Weg kommentierte. „Ha, das könn-
te dir so passen!", „Kein Wort von wahr!", „Ich zeig dir mal 'ne
Abkürzung!" – so oder so ähnlich ging es dauernd. Dass er den
Empfehlungen der Navigation bei der Ortsausfahrt nicht folgte,
das verstand ich noch. Niemand hätte das getan. Lisa empfahl:
„Turn around, when possible." „Vergiss es!", kam es zurück.

Der Streit aber schien ihn nur anzuspornen, andauernd anders zu
fahren, als das Navi vorschlug. Ich war plötzlich Teil eines Macht-
kampfes, eines Mann-Frau-Konfliktes, wie ich ihn selbst mit ihm
nie erlebt habe. Besserwisser gegen Computer, Mensch gegen
Maschine. Ich wandte nach einiger Zeit ein, dass der Sinn eines
Navigationssystems doch wohl auf den Kopf gestellt sei, wenn
man es dazu benutzt, ständig andere Wege zu fahren, als es vor-
schlägt. „Vermutlich wird die Fahrzeit jetzt länger als kürzer", sagte ich. Statt einer Antwort tippte er auf die berechnete Fahrzeit.
Sie betrug siebenunddreißig Minuten. Und nach zwei weiteren

trotzigen Verweigerungen waren es plötzlich nur noch zweiunddreißig Minuten. Und dann begriff ich. Dies war kein Kampf Mann gegen Frauenstimme, es war ein Wettlauf gegen die Uhr. Es war das, was das Auto zur Prothese des Machos macht: die Geschwindigkeitsfrage.

Dann erreichten wir die Autobahn. Da gab es jetzt keine möglichen Abzweigungen mehr, jedenfalls keine sinnvollen. Dafür aber eine berechnete Fahrzeit zum Zielort von einer Stunde und dreiundzwanzig Minuten. Das schien mir schnell. Und er wäre vermutlich sehr zufrieden gewesen, in einer Stunde und dreiundzwanzig Minuten am Ziel zu sein. Aber genau diese Ansage spornte auch an, sie zu unterbieten. Und plötzlich fuhr er, wie er sonst nie fährt, ungeduldig und zornig. Nach einer Dreiviertelstunde hatten wir die Zeit um vier Minuten unterboten. Aber ich hatte schweißnasse Handflächen. Und da packte ich das Gerät und zog es von seiner Halterung und verbannte es ins Handschuhfach. Schlagartig beruhigte sich der Fahrstil.

„Ich brauch's nachher. Ich weiß nicht, wie ich es sonst finde …", kam ein kläglicher Einwand. Der Süchtige jammert nach seiner Droge, dachte ich. Aber ich wusste auch, dass ich ihm einen Ersatzstoff geben musste, etwas, auf dem er herumdenken konnte. Und so sagte ich: „Wenn wir schon den Weg nicht kennen, dann suche ich ihn lieber auf einem Stück Papier statt auf einem Bildschirm." Ruhe im Karton. Ich wusste, dass jetzt die Selbstreflexion begann. Irgendwas zwischen Medientheorie und Pfadfindertum. Und als wir den Zielort erreichten und ich die Karte nahm und höflich die Frage kam, ob ich ihn führen würde, wusste ich, dass ich gewonnen hatte. Lisa, Michelle, Brigitte … ihr werdet nie wissen, was ich weiß, nämlich was Männer wirklich wollen.

Weiß und Schwarz

Michael Jackson ist tot. Das entlockte meinen Kids (ich schreib das mal mit Absicht in diesem Kontext amerikanisch) noch nicht mal ein müdes Lächeln. Michael wer? Bei uns wird momentan Peter Fox gehört. Aber diese Bildungslücke konnte ich ihnen doch nicht durchgehen lassen. Und so zeigte ich ihnen auf YouTube eine halbe Stunde lang Michael-Jackson-Videos. Die Kids fanden das ganz okay. Am besten vielleicht „Black or White". Michael tanzt durch sich verändernde Kulturen und singt dabei, dass es egal ist, welche Hautfarbe man hat. Er hat gut reden, dachte ich und klärte die Kids über diesen merkwürdigen Widerspruch zwischen Plastikchirurgie und Popsong auf.

Fast gleichzeitig passierten zwei Dinge, die scheinbar in keinem Zusammenhang zu Jacksons Tod standen, dennoch durch ihn in ein merkwürdiges Licht gestellt wurden. Mit den Pfadfindern feierten wir „Sankt Hans" oder die „Johannisnacht", und der neue Pastor erklärte, dass man am Beginn der kürzer werdenden Tage ein großes Feuer entzündet, um mit dem Licht all das Böse wegzuscheuchen, vor dem sich die Menschen fürchten. Denn die Furcht kommt aus der Dunkelheit. Wir haben Angst vor dem Schwarzen, aber das Licht ist die Hoffnung. Das war eine gute Herleitung. Ich finde, die stärksten Momente in Predigten sind die, wenn es gelingt, das Alltägliche mit dem Erhabenen zu erklären, Gott in den kleinen Dingen aufscheinen zu lassen.

Aber es gab da einen merkwürdigen Widerspruch, den auch der Pastor an diesem Abend nicht auflösen konnte. Einer der jungen Pfadfinder, von seinen Eltern zum kritischen Mitdenken erzogen, wollte wissen, warum denn, wenn Schwarz die Farbe der Angst sei, der Talar des Pastors schwarz ist. Dass das eine lutherische Antwort auf den Prunk des mittelalterlichen Katholizismus sei, überzeugte nicht wirklich. Immerhin hätte der Umhang ja auch weiß sein können.

Etwa zur gleichen Zeit schrieb ich eine Besprechung von Herman Melvilles „Moby Dick". Dort gibt es ein Kapitel (Nr. 42) mit dem Titel „Das Weiß des Wals", in dem Melville über weiße Haie, Eisbären, Albatrosse, Schimmel – ich dachte dabei natürlich sofort an den Schimmelreiter und an das mit dem Pferd verbundene böse Omen –, weiße Wale, menschliche Albinos und so weiter schreibt. Weiß ist für ihn die Farbe des Bösen. Und er erklärt es so: „Dieses Ungreifbare ist es, was dazu führt, dass der Gedanke an die Farbe Weiß, sobald er freundlicherer Verbindungen entkleidet ist und mit etwas in sich Schrecklichem gepaart wird, diesen Schrecken bis zum Äußersten steigert."

Moby Dick, das sind drei Bücher in einem, Seemannsgarn, Tierkunde und Mythologie. Und das alles gebündelt ergibt eine Moralphilosophie über das Wesen des Menschen. Melville zeichnet das menschliche Wesen zutiefst pessimistisch, voller Leidenschaften und Instinkte. Und so ist „Moby Dick" ganz sicher eine Parabel. Die Frage ist allerdings, wofür? Ist Moby Dick der böse weiße Wal? Oder ist es vielleicht nicht doch Kapitän Ahab, der besessen und böse ist, der seine Mannschaft in den Tod führt im Hass auf den weißen Wal? Ich glaube, es ist die Unentschiedenheit der Moral, der Verzicht auf ein klares Schwarz-Weiß-Bild, was die Kraft des Romans ausmacht, seine Vieldeutigkeit, seine Widerständigkeit – auch gegen Interpretationen.

Und gilt das nicht auch für Jackson? Soll man Mitleid haben oder ihn verachten? Oder ist nicht Mitleid die verächtlichste Form der Zuwendung?

Büllen und Landnasen

Wenn man wandert, schärft sich der Blick für die Kleinigkeiten am Wegrand. Hitze, Gerüche, Farben, alles nimmt man genauer wahr und versucht ihm Namen und Beschreibungen zu geben. Und die Namen, die man quasi am Wegrand aufliest, die versucht man zu deuten und auf die gesehenen Eindrücke zu beziehen. Nicht immer ist das richtig, aber es ist unterhaltsam, wenn man sich mal die Ortsnamen ansieht.

Ich finde, die Endungen der Ortsnamen im Norden gehören zu dem Ungewöhnlichsten in dieser an Ungewöhnlichem reichen Landschaft überhaupt. Neustadt und Oberdorf, ja, das hat jeder. Aber wer wohnt schon in einem Ort, der -büll heißt – Niebüll, Wallsbüll, Pobüll, Dagebüll – und in dem die Hunde einem hinterherlaufen, wenn man ihn durchwandert? Und wie bellen die Hunde da? Richtig, sie bellen nicht, sie büllen. Kommt also der Name Wallsbüll von seinen Hunden? In dem dicken Buch meines schlauen Mannes (das schreibe ich jetzt nur wegen des Witzes, besser so als andersrum: das schlaue Buch meines dicken Mannes … in Wahrheit ist das Buch beides, dick und schlau, und mein Mann spielt keine Rolle, außer dass er es mal angeschafft hat) steht nichts von Hunden, sondern von „bo", dem wikingerischen „bauen", im Dänischen heute noch „wohnen", im Englischen heißt es noch „to build". -bülls sind also menschliche Behausungen, aber eben noch keine Burgen oder Städte.

Nisse kennt man, von Nis Puk und den dänischen Weihnachtsnissen. Leben die alle in Habernis oder Arnis? Gleichen nicht die Landzipfel mit diesen Namen ihren Zipfelmützen? Vielleicht ja, doch haben Nisse auch Nasen, und es ist unschwer zu erraten, dass die -nisse Landnasen sind. Landnasen? Na ja, vielleicht sagt man eher Halbinseln oder Landzungen. Aber warum eigentlich?

Ein anderes Wort für -nis ist -huk. Es meint das Gleiche und ist mit dem „Haken" verwandt, also ein Landhaken oder, nimmt man Nase und Haken zusammen, ein ganz schöner Land-Zinken!

Lustig war die Erkenntnis für alle Orte, die auf -bek enden. Das hat nichts mit Ziegen zu tun, die beken, mit Bäckern, deren Tun vielleicht in einer altsächsischen Form nicht „buken" sondern „beken" hieß, und auch nichts mit dem Nachnamen meines Mannes, der schon Großgrundbesitzergelüste bekam, als wir durch ein -bek nach dem anderen wanderten. Bek ist ein anderes Wort für Bach. Und all die Orte verkünden im Namen, dass sie am Wasser liegen.

Dass -burg „Burg" bedeutet, -dal „Tal" und „-büttel" nichts mit dem verächtlichen Wort für einen unterwürfigen Knecht zu tun hat, sondern Ähnliches beschreibt wie -büll, darauf kann man kommen. Aber was hat es mit -holm auf sich? Stapelholm, Lindholm, Maasholm ... Vielleicht irgendein Buchstabendreher, verwandt mit dem Englischen „home"? Wieder ein Zuhause? Die alten Germanen schienen ganz schön viel Heimweh zu haben auf ihren Raubzügen. Andererseits, wir waren in Oslo mal am Holmenkolm, der Skisprungschanze. Die war ganz schön hoch. Holm – Höhe? Volltreffer, sagt der Wälzer (nicht mein Mann jetzt). Holm bezeichnet einen höher gelegenen Ort, von Sumpf oder Wasser umgeben.

Die Sümpfe oder Wasser heißen -noor, -moos, -siek. Sie bilden das Gegenteil von -lund (Hattlund, Ellund, Schafflund ...). Das waren nämlich die großen Waldgebiete, von denen es, glaubt man den Namen, echt viele gegeben haben muss. Die ollen Vorfahren haben sie fast alle abgeholzt. Eine Idee für RWE könnte doch sein, wenn sie ihr CO_2 schon binden wollen, dies oberirdisch zu tun und die Eichenwälder wieder aufzuforsten ... In der Sprache jedenfalls bleibt die Spur der Vergangenheit erhalten.

Autos ohne Dach und das Ding, um Eierschalen zu brechen

„Ich hol dich ab", sagte mir neulich jemand. „Ich hab ein Auto ohne Dach." Es gibt Menschen, die weigern sich, das Wort „Cabrio" auszusprechen. Und das ist aller Ehren Wert. Denn es gibt andere, die bauen wahre Wortungetüme.

Während ich dies schreibe, ist mein Liebster unterwegs zu einem Kongress über „Polyamourösität". „Das ist bestimmt was Unanständiges, kriegst du wenigstens Geld dafür?", fragte ich zum Abschied. Er meinte, diese Frage sei selbst wiederum unanständig „renditeorientiert". Auch so ein Adjektiv. Können die Banker nicht einfach sagen, dass sie reich werden wollen?

In diesem Kontext noch ein paar Schönheiten, alle abgeschrieben aus den Papieren, die bei uns durchs Haus fliegen und Spuren von Beschäftigung oder Achtlosigkeit hinterlassen, ich bin mir da noch nicht ganz sicher, was es ist. „Kreditrisikomanagement", „Risikoquantifizierung", „Risikostrukturausgleichsfonds" – also mit Risiko, damit haben sie es ja derzeit. Man muss aber offensichtlich mindestens drei, vier Worte dranklatschen, um zu verheimlichen, dass die Lage echt bescheiden ist. In diesem Zusammenhang ein Satz aus einem Geschäftsbericht einer Bank, den ich neulich las und der echt Mut macht: „Insgesamt wird die Risikolage als beherrschbar beurteilt." Na denn.

Schön ist auch „Solardachflächenkataster" – da weiß man sofort, was gemeint ist und hat so richtig Lust auf Sonne. Eine wahre Fundgrube sind die Namen der Gesetze, die unsere Politiker verabschieden. Man liest sie und weiß, da sind Leute mit höchstem literarischem Fingerspitzengefühl am Werk. Wer würde sonst darauf kommen, ein „Bürgerentlastungsgesetz" einzuführen, ein Gesetz also, das regelt, dass es weniger zu regeln gibt. Oder das „Infrastrukturplanungsbeschleunigungsgesetz", das den schnelleren Netzausbau für erneuerbare Energien regeln soll. Wenn allerdings die Bauphase so lange dauert wie die Lesezeit, dann werden die Windmüller noch ein Weilchen ihren Strom umsonst produzieren (während wir unseren teuer bezahlen).

Vielleicht sind diese Wortungetüme Reaktionen auf die Tendenz zur Verkürzung im umgangssprachlichen Bereich. Inspiriert von SMS-Kürzeln höre ich bei mir zu Hause Sachen wie „Lol" (Laughing out loud), „NP" (no problem), aber auch „KoB" (Kämpfen ohne Berühren), das meistens in „KmB" (Kämpfen mit Berühren) endet. Am witzigsten finde ich eigentlich „NAs" (Nicht Andrea sagen). Der Kreativität in jede Richtung sind eben keine Grenzen gesetzt.

Die einen fahren zu Polyamourösitätskongressen, die anderen kümmern sich um die Risikoquantifizierung. Ich packe ein Geburtstagsgeschenk ein (gleich, wenn diese Kolumne fertig ist). Ich habe es auf einer Lesereise („Lesereise", das geht noch) in Leipzig gefunden und weiß eigentlich nicht genau, warum ich es gekauft hab. Ich kann nicht ausschließen, dass es mit seinem Namen zu tun hat. Wahrscheinlich meine ich es ironisch. Was es ist? Eier kann man auf drei Arten öffnen: köpfen (das ist ein Wort!), pellen (das auch) oder man setzt ihnen eine Art Haube auf und lässt entlang eines Stabes eine Kugel auf die Haube sausen, sodass die Schale knackt und man sie vom Eiweiß ziehen kann, ohne dass es beschädigt ist. Dafür braucht man natürlich einen Eierschalensollbruchstellenverursacher – oder besser ESSBSV.

Relativer Ruhm

Der Ruhm eines Schriftstellers oder einer Schriftstellerin ist schwierig zu bemessen. Da sind natürlich die Verkaufszahlen – und wer wollte nicht gern reich sein oder auf der „Spiegel"-Bestsellerliste ganz oben stehen. Allein: Dafür, so scheint's, muss man von Vampiren oder Zauberschülern schreiben. Und die interessieren mich nun leider gar nicht. Dann gibt es natürlich die Rezensionen in ZEIT, Süddeutsche, FAZ oder dem Schleswig-Holsteinischen Zeitungsverlag, die zwar die öffentliche Bekanntheit fördern, aber eher nicht umsatzrelevant sind. Gute Besprechungen geben einem ein gutes Gefühl – aber Kafka, Hölderlin, Novalis, Lenz … sie alle waren Größen, ganz ohne Anerkennung zu Lebzeiten. Also der Nachruhm? Ist er es, der über den Ruhm eines Schriftstellers entscheidet? Vielleicht, aber wenn ich tot bin, kann ich mir vom Nachruhm auch nichts mehr kaufen.

Nein, es gibt ein anderes Kriterium, ein unabweisbares. Und das ist: Im Zug jemanden zu treffen, der ein Buch von einem liest. Wenn das passiert, dann hat man es geschafft. Leider ist mir das noch nie passiert. Nur meine Mutter will einmal jemanden getroffen haben, der ein Buch von mir am Tisch gegenüber während der Fahrt von Hannover nach Hamburg gelesen hat. Aber leider handelte es sich um eines meiner Bücher, das sie gar nicht mag (vermutlich wegen einer etwas brutalen Szene, Eltern sind da ja manchmal etwas komisch, wie ich als Mutter nun bestätigen kann). Vermutlich deshalb hat sie mir diese kleine Anekdote so vernuschelt und verhuscht vorgetragen, dass meine Ruhmsucht nun wirklich nicht bedient wurde. Ich muss also weiter warten …

Allerdings saß mir neulich eine Frau gegenüber, die diese Kolumne las (nicht diese natürlich, sondern eine ihrer Vorgängerinnen).

Eine Kolumne – auch nicht schlecht, dachte ich mir. Ich beobachtete sie. Und ich fand, es dauerte ganz schön lange, bis sie fertig war. Und dann schaute sie sehr lange aus dem Fenster. Entweder hatte ich sie nachdenklich gemacht, oder die Kolumne war so schlecht geschrieben, dass sie lange darüber nachdenken musste, was wohl die Pointe sein sollte. Leider weiß ich das nicht. Und leider kann ich die Wahrheit nicht überprüfen.

Als ich die Woche drauf mit meinen Kindern unterwegs war und in Neumünster umsteigen musste – wenn ich mal einen Wunsch in diesem Leben frei habe, dann werde ich mir wünschen, dass niemand mehr in Neumünster umsteigen muss! –, sprach mich ein Mann mit meinem Namen an und fragte, ob ich die Kolumnenschreiberin sei. Er sagte noch ein paar sehr nette Dinge und zog dann seinen Rollkoffer weiter. Als ich mich umdrehte, starrten meine Jungs mit offenem Mund. „Bist du eigentlich berühmt, oder was?", fragten sie, offenbar schwer beeindruckt. Und ich hätte ihnen in diesem Moment wahrscheinlich alles verkaufen können. Winkte aber ab. „Quatsch. Ich hab noch nie jemanden im Zug getroffen, der meine Bücher liest." Und ich war mir eigentlich schon während der netten Ansprache des Herrn sicher, dass er mich nur erkannt hatte, weil ich die Kinder dabeihatte. Dafür jedoch habe ich ein neues Kriterium für den Ruhm einer Schriftstellerin gefunden. Man hat ihn, wenn die eigenen Kinder einen fragen, ob man berühmt ist.

Einen Einwand gibt es natürlich auch hier: Kafka, Hölderlin, Novalis oder Lenz, sie alle hatten keine Kinder. Hm. Was bleibt, ist die Moral, dass Ruhm sehr relativ ist – wie alles, was rühmlich ist.

Wellen Namen geben

Hier sind Schiffe reihenweise zerschellt. Im Aufgang zum Leucht-
turm hängt eine Karte mit den Strandungen. Jeder Punkt ein
Untergang. Es sind Tausende. Zehntausend, genau genommen.
Und jeder Punkt steht für Tod und Leid von vielen Menschen
und für Familien ohne Vater. Bovbjerg Fyr ist der Punkt an der
dänischen Westküste, an dem das Wort „Erhabenheit" seine Erfül-
lung bekommt. Unter einem die Steilküste, zerklüftet von den
Sturmfluten, oben der Wind, der einem die Haut austrocknet, die
Landschaft flach geduckt vor dem Ansturm aus Westen, am Himmel zerfetzte Wolkenstücke, ein Puzzle, das sich vielleicht binnen-
wärts wieder zu einer geschlossenen Formation zusammensetzt,
zu einem schweren Wolkenhimmel, der einen traurig stimmt.
Hier aber ist kein Ort für Trauer. Hier will man hoch hinaus, hier
gründet man seinen Pantheismus neu, den Glauben, dass Gott
überall in der Natur ist.

Vor allen Dingen ist da das Meer. Endlos. Ewig. Und in der Ewigkeit bewegt. Im Alltag denkt man das Meer immer nur als die Be-
grenzung des Landes. Automatisch wird es damit zu einem Strich.
Aber die Nordsee ist kein Strich, sie mündet in den Atlantik, der
küsst den Pazifik. Man muss nicht den „Schwarm" gelesen haben,
hier vor Bovbjerg begreift man instinktiv, dass alles irgendwie mit
allem zusammenhängt. Das entscheidende Wort ist „irgendwie".
Man ahnt es nur. Wissen kann man es nicht. Wissen will man es
nicht. Da ist einiges um so viel größer, als man denken kann. Um
so viel tiefer. Selbst der dünne Strich, der Übergang, die Grenze,
ist so voller Urgewalt, ist so ewig und unergründlich in seinem
Kommen, Anrollen, Donnern und wieder Abrollen, seit Jahrtausenden, dass man sich klein und verloren vorkommt, allein aufgrund der schieren Dauer der Existenz des Meeres.

In der Brandungslinie sehe ich fünf braune Körper, einer ist groß, vier sind schon gar nicht mehr klein. Meine Zeit vergeht, die Kinderkörper zeigen das Älterwerden an. Die Zeit des Meeres jedoch bleibt sich monoton treu. Die Widersee – das ist ein Wort wie Ewigkeit, es bezeichnet das Rücklaufen des Wassers nach einer Welle und ist, wenn es so etwas gibt, mein Lieblingswort – gibt den Blick auf meine badende Familie regelmäßig frei. Juchzen und Kreischen ist zu hören. Von hier oben ist die Brandung gewaltig. Von unten bestimmt gewaltiger. Wenn die ganz großen Brecher kommen, klammert sich der kleinste Körper an den größten. Auf dem Wellenkamm surfen fünf menschliche Torpedos an Land.

Als Mutter will ich nicht wirklich wissen, was die da unten treiben. Jenseits meiner Sorgen könnte man aber dieses Baden als eine Form von Andacht beschreiben. Spielball der Wellen zu sein, von einer Kraft gewürfelt, die größer und ewiger ist als jede eigene, auch die Möglichkeit, jederzeit weit rausgezogen zu werden, die Möglichkeit des Todes, um es auszusprechen, das Ausgeliefertsein und das sich dem größeren Ganzen Ausliefern, das ist eine Erfahrung, die einen reicher macht. Vielleicht war das der ursprüngliche Sinn der Taufe. Nicht eine rituelle Reinigung von Sünden, sondern das Unterwassersein, das Ausgeliefertsein, die Grenzerfahrung, dass man vielleicht nie wieder hochkommt.

Hier kommen alle wieder hoch. Kurze Zeit später stehen sie vor mir, tropfend, die Hüften aufgeschürft, wo die Wellen sie über den Kies des Strandes schleuderten, und jede Welle einzeln aus der Erinnerung beschreibend. „Die, die mich in den Handstand geworfen hat …", „Die, die gar nicht gebrochen ist …", „Die zwei, die so schnell aufeinanderfolgten …" Wellen Namen geben, etwas Vergänglichem, das sich so schnell auflöst und das doch wiederkehrt, verwandelt, gleich und anders, das ist, als würde man versuchen, ein Leben aufzuschreiben.

Blutsauger

Viggo Vampir ist die Hauptfigur eines Buchs, dessen Lektüre ich neulich das Vergnügen hatte beizuwohnen. Und es war tatsächlich ein Vergnügen. Denn Viggo, bereits sechzig Jahre alt, ist nach Vampirjahren noch immer ein Kind, gerade alt genug, um in die Schule zu gehen. Und – er hat noch nie Blut getrunken. Blut, das muss für ihn so etwas sein wie Fernsehen und Chips für Menschenkinder. Für ihn war die Nacht der Tag, und jedes Mal vor dem Einschlafen wünschte ihm seine Mutter einen „Guten Morgen".

Es entspann sich ein lebhaftes Gespräch über die Analogie des Tierreichs mit Vampiren (Fledermäuse), über aktuelle Bestseller, und der größte meiner Jungs zapfte (das sagt man so in diesem Fall) sein scheinbar nie enden wollendes Geschichtenrepertoire an und gab Graf Dracula zum Besten, inklusive Pfählung von Gefangenen und Treiben eines Holzpflocks durch das Herz des schlafenden Vampirs. Es ging um Verstümmelungen und Aberglauben. Die Begeisterung bei denen, die noch unterhalb der Altersbeschränkung für solche Grausamkeiten waren, kannte keine Grenzen. Einen halben Tag lang tauschten Jungs und Halbmänner (sagt man so, in diesem Kontext) Halbwissen aus, wie fest das Gewebe eines Menschen ist, ob man das Herz sicher treffen kann und wie viel Blut man verlieren kann, bevor man stirbt.

Die Probe aufs Exempel wurde in der Nacht gemacht. Eigentlich hätten mich die vielen Kadaverreste an der Zimmerwand vorwarnen müssen. Zerquetschte Mückenleiber sprenkelten Decke und Tapete. Meist waren sie gerahmt von einer orangeroten Corona: Menschenblut. Hier waren meine Artgenossen gefoltert und ausgesaugt worden. Aber ich las die Zeichen an der Wand nicht, jedenfalls nicht achtsam genug. Und als ich in der Nacht wach wurde, lag das noch nicht einmal am Jucken meiner eigenen Stiche, sondern am Wälzen der Kinder, die sich die Arme und Beine rieben. Ich machte Licht. Und sah eine Mücke direkt auf dem Arm des Mannes neben mir, schlug drauf und weckte ihn damit.

Das war der Beginn eines Nachtkriegs. Ob es die Geschichten über Massaker und Pfählungen waren oder sportlicher Ehrgeiz – jetzt ging es den Mücken an den Kragen, und die Wand bekam eine Reihe von Flecken hinzu. Das ließ sich leider nicht bewerkstelligen, ohne die Kinder ebenfalls zu wecken. Also beendeten wir die Aktion bald wieder. Zu bald. Denn kaum war das Licht gelöscht, irrte der Fiepton wieder durch den Raum, an mein Ohr. Ich schlug mir selbst auf die Backe und konnte nicht sagen, ob ich das Vieh erwischt hatte oder nur der Knall meines Schlags das Fiepen übertönte. Inzwischen juckten auch meine Arme. Ich suchte die Salbe, mit der ich eben noch die Kinder eingecremt hatte. Die Lichtpause wurde eiskalt für eine zweite Mordwelle an den Blutsaugern genutzt, aber es waren noch immer welche entkommen.

Eine Mücke reicht, obwohl so unendlich viel kleiner, einem Menschen den letzten Nerv zu rauben. Bis morgens um halb fünf wogte der Kampf. In den erschöpften, genervten, gereizten Phasen deckten wir uns T-Shirts über das Gesicht und atmeten nur noch durch ein Luftloch wie Seehunde im Eis. Als wir endlich einschliefen, wünschte ich allen einen „Guten Morgen", packte aber das Viggo-Vampir-Buch beiseite. Opfer von Blutsaugern sind abergläubisch.

Seelenverkäufer und gute Seelen

Der Mann hatte gelbe Zähne, und die Zahnhälse lagen frei. Man verstand ihn kaum, so sehr nuschelte er. Er hatte kein unfreundliches Gesicht, aber es war seltsam reglos. Und der Preis für sein Motorboot, das man mieten konnte, war unangemessen hoch. Dennoch mieteten wir es. Der Fjord lag kabbelig im Westwind, und ihn nicht zu befahren hätte geheißen, ein Abenteuer auszuschlagen. Wir bekamen zudem Preisnachlass, da der Tank nicht ganz voll war. Dann also: Schwimmwesten an, Kinder auf die Bänke, Choke raus, Außenborder an, was etwas dauerte, dann los.

Schnell sah man den Grund nicht mehr, und als wir die Tiefe des Fjords unter uns hatten und etwas mit dem Kahn vertraut waren, wechselten wir die Steuermänner durch. Einmal tuckerte der Motor, da hatte er wohl etwas Luft angesaugt. Ziel war eine Brücke ein paar Seemeilen weit landeinwärts. Wir hatten schon vom Auto aus die Fische springen sehen.

Aber auf dem Wasser sind die Entfernungen größer, bald war es langweilig, und wir fuhren volle Kraft voraus. Schließlich kam die Brücke in Sicht, wir fuhren unter ihr durch und wieder zurück und winkten den Fischen zu, und dann wollten alle wieder zurück. Also auf die Windräder zu. Und plötzlich tuckerte der Motor erneut. Luft angesaugt? Genau – aber diesmal nur Luft und kein Benzin. Und Sekunden später war er ganz aus. Wir hingen mitten auf dem Fjord fest.

Nein, das wäre schön gewesen, eben nicht „fest", sondern wir trieben vor uns hin oder ab. Ein paar verzweifelte Versuche, den Motor wieder anzuwerfen, scheiterten. Einmal reichte es gerade dazu, den Kahn wieder in die richtige Richtung zu wenden, dann erlosch der Motor wieder. Also gaben wir es auf, griffen uns die Riemen und wollten ans Ufer rudern. Das waren geschätzte tausend Meter, also ein lösbares Problem. Und immerhin, der Seelen-verkäufer hatte zwei Ruder. Allerdings nur eine Dolle. Und ohne Führung ist ein langes Ruder kaum zu regieren. Wir drehten uns im Kreis.

Langsam machte sich Nervosität breit. Nicht, dass wir Angst um unser Leben gehabt hätten. Immerhin sah man das Ufer noch. Aber hilflos waren wir, ausgesetzt, nicht mehr Herr der Lage. Die Kinder merkten die Anspannung der Eltern. Die Eltern standen jetzt auf und versuchten sich im Stechpaddeln. Das ging einiger-maßen, aber eher einigermaßen schlecht. Wir trieben nicht mehr ab, aber richtig voran kamen wir auch nicht. Außerdem war klar, dass wir die schweren, überlangen Ruder mit dem langen Stiel und dem schmalen Blatt nicht ewig würden führen können. Die Arme taten uns jetzt schon weh.

Dann dröhnte ein Motor. Es war so ein weißes Schrebergarten-boot, garantiert ohne Abenteueresprit, sozusagen mit Geranien-kästen vor den Fenstern. Und wir winkten auch nicht und riefen auch nicht um Hilfe. Es kam ganz von allein auf uns zu, und ein sonnengebräunter Mann mit Poloshirt fragte uns, ob wir Hilfe bräuchten. Und die brauchten wir. Alle Ideen von Abenteuer und Selbst-ist-der-Mann lagen frustriert in den Lachen am Boden des Bootes. Der Poloshirt-Träger warf uns ein Seil herüber und schleppte uns ins seichte Ufergewässer. Die letzten Meter stech-paddelten wir. Für ein Dankeschön blieb fast keine Zeit. Schon war unser Retter wieder verschwunden. Dafür wartete der Ver-mieter am Steg. „War's gut?", fragte er.

Wir verzichteten auf eine Auseinandersetzung über das Geld. Was er zu viel bekommen hatte, hatte unser Retter zu wenig. Und unser Kredit war unsere Schuld.

Marienkäfer & Co

Max und Moritz legen Zeugnis davon ab, dass Maikäfer mal in größeren Mengen verfügbar waren. Und die Sage geht, dass es noch in der Kindheit meiner Eltern von Maikäfern nur so wimmelte. Und bis auf zwei, drei Sommer – es muss Ende der Siebziger gewesen sein –, in denen es ein paar Maikäfer gab und wir anfingen sie zu tauschen wie unsere Eltern: Bäcker, Schornsteinfeger und so weiter, habe ich selten bis nie wieder welche gesehen, obwohl DDT doch schon längst verboten ist. Meine Kinder kennen Maikäfer gar nicht (außer aus dem Schlaflied).

Dafür haben wir früher mit Marienkäfern gespielt. Sie waren nicht nur die kleinere, auch die niedlichere Variante. Wir ließen sie über braune Unterarme krabbeln, gaben ihnen Namen, bauten ihnen Gehege und sortierten sie nach Alter. Jeder Punkt war angeblich ein Jahr. Das schreibe ich hier nicht einfach so aus dem blauen Himmel. Ich habe das kürzlich meinen Kindern erzählt, wie meine Eltern mir von den Maikäfern erzählten. Doch haben sich in diesem Sommer 2009 die Verhältnisse umgekehrt. Meine Eltern erzählten mir von ihren Käfern mit dem Gestus des „Tja, früher, als es noch heile Natur gab" (dabei hat ihre Generation im Wesentlichen dazu beigetragen, dass es sie nicht mehr gibt). Dieses Jahr hieß es eher: „Marienkäfer? Voll eklig!"

Und in der Tat, in diesem Sommer herrschte kein Mangel an den Viechern. Überall waren sie, wie eine Plage. Krochen übers Essen und summten in den Ohren wie Fliegen. Einige schienen sogar zu beißen, jedenfalls beklagten sich Kinder und Großmütter plötzlich über verspritztes Gift. Irgendwomit müssen sie ja Blattläuse töten. Das war übrigens anno dazumal die vornehmste Existenzbegründung für die Krabbeltiere. Läuse sind schädlich, wer sie vertilgt, gilt per se als nobel. Als wir in der vierten Klasse einmal einen vorzeitlichen Jutebeutel ausgehändigt bekamen und ihn besticken sollten, stickte ich ihn voller Marienkäfer. Und fluchte wie verrückt, weil die Punkte und Füße mich den letzten Nerv kosteten. Immerhin bekam ich darauf eine Eins. Aber als wir neulich an einem dänischen Strand saßen und ich mit den Zehen im Sand spielte, der irgendwie grobkörnig war, und ich genau hinschaute und sah, dass ich meine Füße in einer Bank voll angespülter Marienkäferkadaver hatte, konnte ich mich diesem Ausspruch nur anschließen. Myriaden von Käfern verwesten, hatten einen eigenen Friedhof gebildet, gleich hinter dem Tang.

Ich habe gelesen, dass die Käferinvasion tatsächlich eine echte Invasion ist und dass diese Gattung nicht diejenige der Käfer meiner Kindheit ist. Sie kommt aus Asien und wurde über die USA, wo sie zur biologischen Schädlingsbekämpfung benutzt wurde, eingeschleppt. Und deshalb drängt sich die Frage auf: Wo sind die Marienkäfer meiner Kindheit? Wurden sie verdrängt, wie der Homo sapiens den Neandertaler verdrängte? Gab es einen Krieg zwischen Marienkäfern, so, wie man es bei der Biene Maja gelernt hat? Wespen oder Bienen oder Hornissen sind zu so was ja auch imstande. Leisten also die Marienkäfer meiner Kindheit den Maikäfern der Kindheit meiner Eltern Gesellschaft in den ewigen Käferjagdgründen?

Das kann alles sein oder auch nicht. Aber eine Wahrheit ist, dass Niedlichkeit und Wertschätzung durch Masse zerstört wird. Die Natur ist eben auch nur eine Form von Angebot und Nachfrage. Und Marienkäfer offensichtlich die Abwrackprämie des Tierreichs.

The Return of Bücherläden

Bücherläden. Früher war alles besser, das hört man ja manchmal. Und meistens stimmt es nicht. Aber für Bücherläden gilt es schon ein wenig. Das sage ich als Schriftstellerin, die weiß, dass das Sortiment immer kleiner wird, dass sich der Verkauf auf immer weniger Titel konzentriert, und zwar die Bestseller, und dass Bücherläden immer mehr zu Verkaufstempeln werden, mit Leseecken und Kaffeeautomaten und Vampirpuppen und Stapeln der zugehörigen Bücher, während die schlichten Regale, auf denen man auch schon mal ein zwei Jahre altes Buch entdecken konnte, mehr und mehr der Vergangenheit angehören.

Irgendwie werden Buchläden immer mehr zu jenen Kiosken am Bahnhof, in denen man alles von Seife bis zu Gummibären kaufen kann und eben auch Bücher. In solch einem war ich gerade, es ist gleich dreiundzwanzig Uhr, und ich bin auf der Rückreise von einer Lesung in Hannover und werde erst gegen ein Uhr dreißig zu Hause sein. Und meine Müdigkeit diktiert mir diese trotzige Kolumne. Richtige Buchläden liebe ich und besuche sie gern. Diese Kaufhallen kann ich nur mit müder Verzweiflung ertragen. Eben jedenfalls konnte ich mich noch nicht einmal zu dem Kauf eines Taschenbuchs durchringen.

Die breite Auswahl an Büchern, inklusive eines guten Antiquariats, finde ich im Internet. Am Anfang hatte ich Skrupel. Trägt doch das Internet ohne Frage seinen Teil der Schuld, dass viele kleine Buchläden nicht mehr da sind. Ich sag jetzt einfach mal, dass ich die Stöbereinkäufe noch immer bei den verbliebenen Läden erledige, aber die Bücher, die ich in Bahnhofshallen-Buchhandlungen einkaufen würde, im WWW kaufe. Und so muss es offenbar auch anderen gehen. Die Bewertungen, die man dort über die Bücher findet, sind im Grunde dem sehr ähnlich, was ich dort schreiben würde, wenn ich es denn wollte. Allein, dass es das gibt, einen demokratischen Austausch, wie man ein Buch gefunden hat und ob das Buch hält, was der Klappentext verspricht, ist eine gute Sache. Tatsächlich wundere ich mich nicht so sehr über die Inhalte, sondern vielmehr über das Dass – dass wildfremde Menschen miteinander in Kontakt treten. Das erfordert ein hohes Verantwortungsbewusstsein bei den Schreibern wie Vertrauen bei den Lesenden.

Bei E-Mails gibt es die Funktion, besonders wichtige Mails mit einem roten Ausrufezeichen zu versehen. Nun sind ja die meisten Mails irgendwie wichtig. Und eigentlich müsste die Versuchung groß sein, eine jedwede Mail mit einem Ausrufezeichen zu schmücken. Tut aber niemand. Denn das würde ja das ganze System entwerten. Offenbar reicht die private Eitelkeit, sein Geschreibsel als wichtig einzustufen, nicht so weit, die Verantwortung gegenüber der lesenden Allgemeinheit aufzugeben.

Das ist eine gute Nachricht, die ausgerechnet aus einer Ecke kommt, aus der man sie am wenigsten erwartet hätte. Das Internet gilt als anonym und fremd und globalisiert und virtuell. Ist es auch. Und trotzdem scheint mir einer seiner Effekte ausgerechnet ein Gefühl von Solidarität zu sein. Das ist eine sehr merkwürdige Sache. Denn die Anonymität bleibt ja. Ich kenne die Leute nicht, die das geschrieben haben, aber ich habe das Gefühl, sie zu kennen. Ich sitze allein vor meinem Laptop – aber ich habe das Gefühl, Teil einer Welt zu sein.

Ist das gefährlich? Einerseits sicher ja. Sucht und Einsamkeit werden durch die Computerwelt verstärkt. Andererseits – man müsste diesen Effekt nur wieder in die Wirklichkeit zurückholen. Vielleicht wird das Internet dazu führen, dass irgendwann die alten Buchläden zurückkehren, weil die Menschen nicht nur User sein, sondern Solidarität auch jenseits der Informationsverwaltung erleben wollen. Das ist vielleicht nicht besonders wahrscheinlich, ausgeschlossen ist es aber auch nicht.

Fehler im Diktat

Die richtige Rechtschreibung ist eine vermaledeite Sache. Irgendwann hat die Gewohnheit die Macht. Aber bis dahin muss man sich abmühen. Man muss, um es genau zu sagen, seinen Alltag und die Sprache seines Alltags in abstrakte Symbole übersetzen. Aber wieso schreibt man dann „Zimmer", wenn alle um einen herum „Zimma" sagen? Und wieso nicht „Omer", sondern „Oma"?

Neulich brachte ein Schulanfänger meiner Familie sein erstes Diktat mit nach Hause. Er nahm es locker, was für seine Lehrerin spricht, aber, na ja, sagen wir, es war nicht fehlerfrei. Er hatte zum Beispiel „Hus" statt „Haus" geschrieben. Aber als wir darüber sprachen, zeigte sich, dass es Deutsch war und er nach seiner Logik durchaus konsequent und richtig gehandelt hatte. Bei „Tomate" fehlte zum Beispiel hinten ein „e". „Aber es heißt doch ,t-e'", entgegnete er. Ich brauchte eine Weile, bis ich verstand, was er meinte. Das „e" ist doch in dem Konsonanten „t" schon enthalten. Hätte er es im Diktat noch einmal mitgeschrieben, dann hätte da nach seiner Logik „Tomatee" gestanden. Und jetzt sah ich, dass alle seine Fehler dieser Logik folgten. Telefon war „Tlfon", „Besen" war „Bsen", „Kasse" war „Ksse". Und dass er statt „Haus" „Hus" geschrieben hatte, was ich zuerst auf eine plattdeutsch-dänische Mundart im Gehörgang geschoben hatte, stellte sich jetzt als konsequente Anwendung eines kindlichen Sprachgefühls heraus. Denn auch im „H" steckt ja schon das „a": „H" wird „ha" ausgesprochen, und deshalb muss man ja das „a" nicht nochmals schreiben. „Hamburg" wäre so gesehen „Haamburg", und eigentlich reichte es, „Hmburg" zu schreiben.

Als er mir das erklärt hatte und ich „Haamburg" sagte, lachte er und sagte, dass es doch eklig sei, wenn etwas „AA-Burg" hieße. Das ist die profane Beschreibung. Ich hatte eine erhabenere im Kopf. Im Hebräischen werden die Vokale nicht ausgeschrieben. Deshalb ist die Bibel so schwierig zu übersetzen und vieldeutig, und die Kabbala, die mystische Tradition des Judentums, ist eine Wissenschaft der Freiheit. Was im Grunde nur ein anderes Wort für Poesie ist. So ist der Pentateuch, die fünf Bücher Mose, voller Anspielungen und Buchstabenkombinationen, mal bilden die Anfangsbuchstaben einer Reihe von Wörtern ein weiteres Wort (das nennt man Akrostichon), mal ihre Endbuchstaben. Aus den Anfangsbuchstaben verschiedener Begriffe setzt sich zum Beispiel das Wort PRDS zusammen – fügt man die Vokale hinzu: PARADIES. Der hebräische Gottesname JHWH ergibt gesprochen „Jahwe" – genau nach dem Prinzip, nach dem mein Sohn sein Diktat vergeigt hat.

Die Pointe dieses Textverständnisses, das sich über die Konsonanten definiert, ist, dass nur die gesprochene Sprache die Gültigkeit des Textes gewährleistet. Gott, mit anderen Worten, muss gesprochen werden, sonst ist er nicht. Lesen ist atmen. Im Atem der Gläubigen strömt der Atem Gottes, der Hauch, mit dem er Lehm zum Leben erweckte. Und nach dieser kabbalistischen Tradition ist der stummste Konsonant der göttlichste, es ist das „h" – der Hauchlaut, der zu einem richtigen erst wird, wenn man das „a" laut mitspricht. Unwissentlich hatte also der junge Schulgänger eine ganze mystische Tradition rekapituliert. Noch nie wurden Fehler im Diktat mit größerer Bedeutung begangen.

Spielen

Räuber und Gendarm, das Kinderspiel aus meiner Kindheit – was für eine Art Räuber haben Sie sich vorgestellt? Einen Robin Hood oder eher Hotzenplotz? Oder Al Capone oder Bankräuber? Und was für einen Gendarm? Sheriff von Nottingham oder Supercop? Ich hatte gar keine Vorstellung, ich bin einfach gerannt vor einem namenlosen, gesichtslosen Fänger.

„Was wollen wir spielen? Gegenwart oder Vergangenheit?", schnappte ich neulich eine Frage auf. Ein Kindermund stellte sie. Ich war ein bisschen überrascht. Nach längerem Hinhören stellte sich heraus, dass die Antwort, etwa „frühes Mittelalter", entscheidend war für die Wahl der Waffen. Das Spiel „Alte Zeit" schreibt Schwerter, Pfeile und Messer zum Kämpfen vor, in der neuen Zeit kann man durchaus Schnellfeuergewehre und Handfeuerwaffen einsetzen. Aber auch wenn die Umsetzung etwas profan ist, die Orientierung an der Zeit, das ist die Größe der Fantasie. Ein Stock kann zu einer Kalaschnikow werden oder zum Schwert König Artus'. Ein Versteck im Knick zu einem Bunker oder zu einem Indianerlager. Nur das Anschleichen ist der alten und neuen Zeit gemeinsam. Es ist ein Vordringen in den Innenraum der Vorstellungswelt. Mit jedem Schritt, ich sehe es den kleinen Kriegern an, die vor meinem Fenster unsichtbar sind für die Gegenwart aus Müttern, Hausaufgaben, Handballtraining, weil sie wie durch eine Zeitmaschine versetzt sich bereits in einer anderen Gegenwart bewegen, öffnet sich eine neue Geschichte, dringen sie weiter vor in einen Raum hinter dem Raum.

Kein Wunder, dass sie Fantasygeschichten so sehr lieben. Sie sind ein Refugium des Alles-ist-möglich. Wenn es Drachen und Zwerge und Elfen gibt, dann gibt es auch eine Möglichkeit, im Alltag dem Alltag auszubüchsen. Und dass ich diese Geschichten eher langweilig finde, liegt vermutlich daran, dass ich langweilig bin und dass meine Fantasie weder alte noch neue Zeit kennt, sondern nur eine Gegenwart, die fordert und bewältigt werden will. Das Spiel der Kinder fordert auch – jedoch die Gegenwart heraus.

Im Spiel hängt der Erfolg oder Misserfolg nicht nur an den eigenen Entscheidungen, sondern auch an denen der anderen. Das ist im Leben nicht anders, aber das Spielen besteht ja geradezu darin, einander auszutricksen. Das gilt für Räuber und Gendarm wie für Mühle, Dame, Schach. Im „normalen" Leben gibt es doch immer so etwas wie Anstand und Common Sense (bis auf den Bereich der Finanzmarktspekulationen, aber der ist ja auch kein normales Leben). Im Spiel darf man tricksen, und sein Sinn besteht geradezu im Anschleichen und Übertölpeln. Und wie man sich da verhält und wie man sich gegenüber der Zufälligkeit von Würfelentscheidungen benimmt, ob man ausrastet oder lacht, das sagt viel über den Menschen (das Kind im Menschen) aus.

Es gibt übrigens einen eigenen Zweig der Wissenschaft, der sich mit der Spieltheorie beschäftigt. Für diese Forschung wurden bisher acht Nobelpreise verliehen – Nobelpreise für Wirtschaftswissenschaft. Offensichtlich haben die Forscher erkannt, dass man aus der scheinbaren Zufälligkeit heraus Gesetze finden kann. Jedes Kind weiß, dass bei Vier gewinnt immer der gewinnt, der anfängt. Und dass man bei Mühle immer auch als Zweiter ein Unentschieden erzwingen kann. Die Frage aller Fragen ist jedoch: Ist das Leben Mühle oder Vier gewinnt? Räuber oder Gendarm? Gegenwart oder Vergangenheit?

Rückwärts seitwärts

Die Lücke im Vormittag, Mann weg, Kinder in der Schule, Haus so weit in Ordnung, Post abgearbeitet, Garten – schiebe ich. Ich schnappe mir meine Gitarre und steige ins Auto. Geschenkte zwei Stunden für eine Bandprobe, für Musik, für mich – ich telefoniere die Band zusammen und springe los.

Ich zwinge mich auf der Fahrt in die Stadt, nicht schneller zu fahren, als es die Polizei erlaubt. Aber schon am Ortsschild sehe ich, dass ich nicht die Einzige bin, die sich an diesem Vormittag aufgemacht hat. Es ist voll. Stoßstange an Stoßstange. Ich fluche kolumnenungeeignete Flüche. Jetzt bin ich langsamer, als die Polizei erlaubt. Schlimmer, ich bin zu langsam für meine Verabredung.

Dann endlich ein erster Parkplatz. Ich biege ein, durchkurve ihn. Voll bis auf den letzten Platz, keine Lücke. Wieder zurück in die Blechlawine, wieder warten, noch mehr zu spät. Dann der nächste Parkplatz. Beim dritten habe ich Glück. Ich finde eine kleine Lücke und parke rückwärts seitwärts ein, schnappe mir meine Gitarre und springe aus dem Auto. Es ist ein Parkplatz, auf dem man ein Parkticket ziehen muss. Ich lehne die Gitarre an den Kofferraum und laufe zum Automaten. Es dauert seine Weile, bis ich kapiert habe, wie teuer zwei Stunden sind, von denen die erste schon fast abgelaufen ist. Ich drücke die Tasten und suche mein Geld. Ich finde es nicht. Der erste Schock. Ich rekapituliere, was bisher geschah. Bei meinem spontanen Aufbruch muss ich mein Portemonnaie zu Hause liegen gelassen haben.

Obwohl ich weiß, dass ich geldlos bin, springe ich ins Auto zurück und wühle das Handschuhfach durch, die Türablage, schaue unter die Sitze. Ich finde weder mein Portemonnaie noch Kleingeld. Ich öffne die Tür, halbes Bein schon auf dem Bürgersteig. Ich bin bereit, den Parkplatz um seine Zeche zu prellen, Hauptsache, ich komme jetzt endlich zu meiner Band. Aber dann fällt mir ein: Was ist, wenn sie das Auto abschleppen? Ist zwar schwierig in der engen Parklücke, aber als ich noch in Hamburg lebte, gehörte es zum täglichen Spektakel, dass die Polizei Autos mit Kränen aus den engsten Parklücken hob. Dann wäre mein Auto weg, und ich käme nicht nach Hause, und die Kinder würden sich Sorgen machen oder das Chaos würde ausbrechen (Mütter neigen dazu, ihre Kinder zu unterschätzen – oder zu überschätzen, wie man's nimmt).

Sicher, dachte ich, gibt es noch einen kostenlosen Parkplatz. Zündschlüssel rausgekramt, Zündschlüssel rein, Motor an. Ich lege den Gang ein und setze zurück. Leute winken. Kenne ich die? Ich lasse die Kupplung kommen. Der Wagen rollt, die Leute winken, etwas rutscht den Kofferraum entlang. Und zum zweiten Mal durchfährt mich siedend heiß der Schock der Erkenntnis. Die Gitarre. Und da höre ich sie schon, als das Auto darüberfährt. Ich steige auf die Bremse, rolle wieder nach vorn. Obwohl vor Schreck wie gelähmt, steige ich aus, sehe mein Instrument im Staub. So richtig scheine ich sie nicht erwischt zu haben. Ich packe sie aus, ein Holzstückchen fällt mir entgegen, aber keine kompletten Trümmer. Die Bandprobe kann ich vergessen. Nun endgültig.

Einer der Winker tritt zu mir heran. „Na, junge Frau, wo haben Sie denn Ihren Kopf …" Das hätte er vielleicht nicht sagen sollen, denn plötzlich denke ich das erste Mal am Tag klar. Wenigstens die Gitarre will ich noch zur Reparatur bringen, damit diese Fahrt nicht völlig umsonst war. Und ob Schock oder Panik die Motive sind, ich antworte ihm entschlossen: „Verzeihen Sie, könnten Sie mir einen Euro für die Parkuhr geben?" Er ist so verblüfft über meine Frage wie ich, zieht sein Portemonnaie heraus und gibt mir einen Euro. „Können Sie mir ja wiedergeben, wenn man sich noch mal sieht", sagt er.

Ich schmeiße das Geld in den Automaten und zwinge mich, daran zu denken, das Ticket auch mitzunehmen und gut sichtbar aufs Armaturenbrett zu legen. Dann stiefle ich los und bringe die Gitarre in die Werkstatt.

Als ich nach Hause komme, ist mein Mann da, früher als angekündigt, auf Männer ist auch kein Verlass mehr, grinst, umarmt mich und sagt: „Hättest dir ruhig Zeit lassen können und länger proben."

Das erste Mal

Das erste Mal, als meine Jungs in ein richtiges Livekonzert wollten, war ein Reinfall. Aber ein richtiger. Und dies ist eine wahre Geschichte.

Sie begann mit einem Osterurlaub, in dem es zum Kult wurde, diese unsäglich dämliche Sendung zu schauen, in der die (angeblich) ganze Nation einen (angeblichen) Superstar sucht. Der älteste meiner Männer drückte sich vor diesem Kollektivgucken mit den Kids und ging stattdessen joggen – eine Angewohnheit, die sich noch als schwerer Fehler seinerseits herausstellen sollte. Ich aber begleitete meine Jungs bei einer Reise in die Popwelt. Ich kann mich noch gut erinnern, wie es war, als ich früher die Hitparade (Dschingis Khan!) mit Dieter Thomas Heck sehen wollte, weil alle in meiner Klasse sie sahen, und ich das nicht durfte. Und am nächsten Tag war ich die Einzige, die nicht mitreden konnte.

Nein, so sollte es meinen Kindern nicht gehen, und geschwommen, gewandert, gespielt, gelesen hatten wir schon den ganzen Tag. Also Superstar. Irgendwann, die Sendung dauert ja ewig, kam der Jogger zurück aus den Bergen und machte Sprüche über das unterirdische intellektuelle und musikalische Niveau, bis wir ihn rauswarfen beziehungsweise beauftragten, Getränke vom Kiosk zu holen. Mit dem Ende unseres Urlaubs stand der Sieger fest.

Kurze Zeit später sah ich ein Plakat, das ihn und einen früh ausgeschiedenen, aber kinderlustigen Sänger live im Norden ankündigte. Nicht nur, dass ich meinen Männern das Anschauen erlaubt hatte, ich schenkte ihnen eine Konzertkarte zum Geburtstag. Die Freude und Vorfreude war riesig.

Und dann, zum Sommerferienanfang, kam der große Tag. Mit Schirmmütze und Sonnenbrille machten wir uns auf den Weg.

Dummerweise goss es an diesem Tag wie aus Eimern. Wir kehrten um und nahmen die Fahrdienste des Kioskjoggers in Anspruch. Das Konzert sollte um sechzehn Uhr beginnen, Einlass sollte fünfzehn Uhr sein. Um fünfzehn Uhr dreißig waren wir da. Ich sah die Schlange vor dem Eingang, und wir verabschiedeten uns von dem privaten Taxi.

Aber die Schlange wurde nicht kürzer. Der Veranstalter hatte den Eingang nicht geöffnet. Und tat es auch nicht, als der Regen erneut und heftig einsetzte. Fünfzig Prozent der Wartenden waren Kinder, achtundvierzig Prozent junge Mädchen in dünnen Hemdchen. Zwei Prozent waren Eltern, die es wie ich nicht fassen konnten, dass die Veranstalter ihr jugendliches Publikum aussperrten. Doch die Vorfreude der Fans machte aus Ärger Galgenhumor.

Dann, kurz nach vier, ging es endlich rein. Im Saal Bullenhitze. Alle drängelten sich an die Bühne. Und nichts passierte. Gegen siebzehn Uhr machte sich die Kunde breit, dass der Hauptact erst um zwanzig Uhr dreißig anfangen würde. Davor gäbe es zwei Vorbands und den kinderlustigen Vogel, auf den meine Kids besonders standen. Geraume Zeit später wurde auch das Vorprogramm abgesagt, sodass wir lediglich ein paar Stunden warten mussten.

Denjenigen, die nicht aus der Stadt kamen, blieb nichts anderes übrig. Wir riefen unseren Taxifahrer an. Mehrfach. Ich glaube neunmal. Denn er war joggen, hatte die Gunst der Konzertfreiheit genutzt und sich ohne Handy in die Öde der Norddeutschen Tiefebene verabschiedet. Also machten wir uns zu Fuß (wie immer im Regen) auf. Endlich wieder trocken und mit heißem Kakao zu Hause warm gemacht, versuchten wir die Enttäuschung mittels Vorfreude auf zwanzig Uhr dreißig zu verdrängen.

Um zwanzig Uhr fünfzehn waren wir wieder da. Und es kamen uns Scharen von Mädchen in dünnen Hemden entgegen. Sie zeigten sich auf den Handys ihre Fotos vom Konzert. Der Sänger war früher erschienen und hatte um neunzehn Uhr angefangen. Wir waren fassungslos, irgendwie gelähmt. Aber der Jogger bugsierte die Kinder in die Halle, wo sie immerhin noch ein Autogramm ergatterten. Als ich hinterhertrottete, sah ich meinen Taxifahrer am Eingang stehen, wo er sich mit einem der Türsteher, doppelt so breit, anbrüllte, beide zornrot. Es sah wirklich wie ganz kurz vor einer Schlägerei aus. Ich schickte ihn weg. Er sollte es gut sein lassen. Dass er sich für die verachtete Sendung so in Gefahr begab, fand ich doch wieder rührend.

Strenge Väter

Neulich unterhielt ich mich mit meinem Mann. Das kommt manchmal vor. Dass wir über unsere Kinder reden auch. Aber eher im Sinne von „Fährst du sie morgen zum Handball?" oder „Habt ihr das Diktat geübt?". Dass mein Mann über sein Glas hinweg überlegte, ob er ein strenger Vater sei oder nicht, war neu. Selbstzweifel sind nicht so seine Art. Und im Grunde weiß ich, dass er sich für liebevoll und tolerant hält. Ich war also doppelt überrascht und fragte ihn, was los sei. Er sagte: „Nur so". Wir schenkten uns nach und überlegten gemeinsam, wieso Väter gemeinhin als strenger gelten als Mütter.

Dass das von Natur aus so festgelegt und angeboren ist, wollten wir beide nicht glauben. Also entwickelten wir folgenden Gedanken: Wenn in einer Familie ein Partner, meistens der Mann, weg ist, dann gewöhnen sich die Kinder und der andere Partner, meistens die Mutter, aneinander. Sie üben ihren Alltag ein. Sie entwickeln bestimmte Regeln. Zum Beispiel, ob man seine Finger beim Essen ablecken darf, ob man seine dreckigen Sachen in den Wäschekorb tut, wie lange im Bett noch gelesen werden darf und so was. Aber auch einen Schmerzgrad, ab dem man weinen darf und getröstet wird, wie frech man sein darf, ohne dass der Geduldsfaden reißt, eine Zeichensprache, wann bei dem anwesenden Elternteil die Nerven blank liegen. So entwickelt sich ein heimlicher, aber sehr engmaschiger Code, in dem sich Kinder und Elternteil bewegen. Und da Zusammenleben bedeutet, Toleranz zu gewähren, ist es ein Code, der eher auf Großzügigkeit beruht als auf Strenge. (Das ist für Eltern oft reiner Selbstschutz. Man muss sich seine Niederlagen mit Bedacht aussuchen.)

Dann kommt abends jemand nach Hause, der diese Einübung in den Alltag nicht mitgekriegt hat – täglich jedenfalls nicht. Er findet, dass die Kinder beim Essen schmatzen, und sagt: „Setz dich gerade hin!", er kontrolliert die Hausaufgaben, und die Handschrift sieht aus wie Krickelkrackel, er ist genervt, dass die Kinder alle ihre Klamotten unbesehen in den Wäschekorb schmeißen und dass sie abends lange lesen, obwohl klar ist, dass sie am nächsten Tag übermüdet sind. Um seiner Partnerin etwas Gutes zu tun, nimmt er ihr die Kinder ab – und es knallt. Vater schimpft, Vater ist streng.

„Also wird man zum Vater, indem man arbeiten geht", sagte mein Mann.

„Da hast du was nicht verstanden", antwortete ich. „Zum Vater wird man durch etwas ganz anderes."

Wir tranken unsere Gläser leer. Das Kerzenlicht fing sich im Glas. Die CD war zu Ende. Ich stand auf und legte eine neue ein.

„Und du meinst, dass ich deswegen in letzter Zeit so streng bin, weil ich so viel weg war und nicht mitbekommen habe, nach welchen Regeln ihr lebt?", wollte mein Mann unbedingt weiter reden.

Jetzt war es also raus. Es hatte beim Ins-Bett-Bringen, das er so freudig übernommen hatte, gekracht.

„Ich glaube, dass ich die Strengere von uns beiden bin", sagte ich, denn mein Mann ist liebevoll und tolerant. Und er tut seine Sachen nie in den Wäschekorb und schlingt im Übrigen beim Essen.

„Ja", sagte er, „das mag wohl sein, aber mir gehorchen die Kinder."

Der Saft des Lebens

Über Stromzäune gibt es viele Geschichten. Häufig haben sie etwas mit männlichen Angebereien oder Urängsten zu tun. Ich würde schätzen, dass neunzig Prozent der Stromzaungeschichten, die ich kenne, mit einem Stromschlag in den Unterleib enden. Und manchmal frage ich mich, ob Männer sich nicht heimlich wünschen, noch öfter gegen elektrische Ladung zu pinkeln, um auch noch die letzten zehn Prozent Gesprächsstoff intim aufladen zu können. Allerdings wusste ich nicht, dass es in bestimmten Kreisen, unter anderem in dem, mit dem ich zusammenwohne, ein Ritual gibt, das darin besteht, sich einem Stromzaun beherzt zu nähern, die Hand zu heben und entschlossen eine Faust um den Draht zu schließen. Angeblich tut das nicht weh, sondern es kribbelt vor allen Dingen. Handzeugen beschreiben das als Welle, die heranrollt und dann in den geschlossenen Fingern bricht.

Ich wollte wissen, wann sie das denn machten. Nach der Schule, kam die gelassene Antwort. Und schlagartig („schlagartig" passt in diesem Zusammenhang) begriff ich, wieso meine Kinder immer so aufgedreht, ja voller Spannung aus der Schule nach Hause kommen, während ich meine Heimwege als schleppend lang und gähnend langweilig erinnere. Möglicherweise geht es ihnen genauso, doch dann stoppen sie kurz am Zaun und laden die leeren Akkus wieder auf. Was die Automobilindustrie erst noch erfinden muss, bei meinen Kindern ist es schon Praxis – sie leben von elektrischer Energie.

Sie sagen, das geht doch gar nicht? Vielleicht nicht so, aber literarisch gibt es dafür Vorbilder. Das bekannteste ist die amerikanische Lyrikerin Sylvia Plath, eine schwer depressive Frau, über die es die unglaublichsten Geschichten zu erzählen gibt. (Plath nahm sich das Leben, indem sie den Gasofen aufdrehte und ihren Kopf hineinsteckte, früh morgens, in der Wohnung mit ihren schlafenden Kindern, aber nicht, ohne ihnen zuvor noch ein Glas Milch ans Bett zu stellen und den Spalt unter der Küchentür mit Klebeband abzudichten …) Plath wurde in ihrer Jugend mit Stromschlägen behandelt – aber nicht kuriert. Im Gegenteil. Ihr Mann, der Lyriker Ted Hughes, beschrieb die Behandlung später mit folgenden Worten: „Jemand verkabelte dich. / Jemand legte den Hebel um. Sie jagten einen Blitz in deinen Schädel. / In ihren bleichen Kitteln, mit blassen Gesichtern, / Schlichen sie um dich herum […] Du warst eine Wolke aus Entsetzen, / Wartetest auf die Blitze. […] Wie viele Attacken / Dieses knechtenden Gottes, der dich / An den Haarwurzeln packte, erduldetest du? […] Die Karte des Gehirns noch immer dunkel gefleckt / Von den Narben der verbrannten Erde / deines Rückzugs. Und deine Worte, / Dem Licht abgewandte Gesichter, / Hielten ihre Eingeweide fest."

Die Worte, die ihre Eingeweide hielten, lauteten in dem Gedicht „Lady Lazarus" von Sylvia Plath: „Sterben ist eine Kunst, wie alles. / Ich kann es besonders schön. / Ich kann es so, dass es die Hölle ist, es zu sehn. / Ich kann es so, dass man wirklich fühlt, es ist echt."

Von solch schwerer literarischer Kost unbeleckt, gleichgültig gegenüber dem großen Zusammenhang zwischen Elektrizität und Leben, Energie und Todesstuhl, spielen meine Kinder das Stromzaunanfass-Spiel. Aber vielleicht ist das Kribbeln in der Hand und im Herzen auch bei ihnen ein doppeldeutiges, eines, das wiederum zwei Dinge zusammenbindet: das Verbot und den Reiz.

Demokratie

In Athen war ich schon mal. Ich stand schon mal in der Schlange hoch zur Akropolis, ich bin schon mal von den Museumswärtern zurückgepfiffen worden, als ich eine alte Marmorsäule anfasste, ich habe schon auf den Steinen gesessen, auf denen die Gründer der Demokratie standen. Aber erst neulich habe ich verstanden, dass die Demokratie eine Notlösung war. Und die Geschichte – genauer, der Hintergrund der Geschichte – ist so spannend und lehrreich, dass ich ihn Ihnen nicht vorenthalten will.

Athen nämlich, wie alle griechischen Stadtstaaten damals, war ein ganz normales Königreich. Die griechischen Staaten jedoch expandierten und gründeten Kolonien. In den Kolonien wurde Weizen angebaut, im Gegenzug herrschte dort eine immense Nachfrage nach Oliven und Wein. Also sanken in Athen die Getreidepreise und es stiegen die für Wein und Oliven. Das bekamen die Bauern als Letzte mit, die Kaufleute aber umso schneller. Also bauten auch sie Wein an, wurden reich, die Bauern wurden arm und verschuldeten sich bei den Reichen. Da man damals mit seinem Leib für seine Schuld haftete, war man schneller, als man sich versehen konnte, nicht nur mittellos, sondern auch Sklave. Die Expansion, also der politisch-militärische Erfolg, brachte die Besitzverhältnisse durcheinander und dünnte das, was man heute die Mittelschicht nennen würde, aus. Es war eine selbstverschuldete Krise, ein Unglück, das aus zu großem Erfolg herrührte.

Das ist die erste interessante Erkenntnis, die ich mir mal merken würde, wenn ich Politiker wäre. Zu erfolgreich zu sein kann gesellschaftlichen Misserfolg schaffen. Das Problem war nämlich, dass die Bauern auch gleichzeitig die Soldaten waren. Das Heer setzte sich aus den besitzenden Bürgern zusammen – dumm nur, wenn es keine oder zu wenige gab. Athen war wehrlos und in sozialen Turbulenzen. Und in dieser Situation erfanden die Athener die Demokratie. Zweite Lektion: Aus einer Krise kann etwas Gutes werden.

Die Idee war einfach: Um die Wehrhaftigkeit der Stadt gewährleisten zu können, musste die Teilhabe aller, also der Bürgerstatus, gesichert werden. Folgerichtig wurde per Gesetz verboten, dass die Reichen immer reicher werden durften (sie durften nur eine bestimmte Größe an Land besitzen), und es wurde bestimmt, dass alle Bürger Teil an der Macht haben sollten. Und so kam es. Es folgten dann noch ein paar Details, wie Regeln für das Losverfahren (die Athener glaubten, dass die Götter die Geschicke lenkten, und deshalb mussten sie nicht wählen, sondern die Würdenträger wurden durch das Los bestimmt, was außerdem ein wirksames Instrument gegen Korruption war). Erwähnen muss ich noch, dass die Demokratie nur für ein Drittel der Bevölkerung galt, nicht für Frauen und nicht für Sklaven. Es ging eben nicht um Gerechtigkeit, sondern darum, das System zu stabilisieren.

Der frühere amerikanische Präsident Bill Clinton hat einmal auf die Frage, worum es in der Politik und im Wahlkampf vor allem gehe, geantwortet: „It's the economics, Stupid." Er hatte recht. Die Demokratie ist aus einer ökonomischen Krise entstanden. Und wenn ich es genau überlege, ist es vielleicht immer so gewesen: Die Französische Revolution brach nach bitterer Armut in Paris aus, der amerikanische Traum war die Antwort auf Hunger und Repression, und Deutschland fand 1918 zur Demokratie, weil der Krieg verloren war und viele Männer tot. Und deshalb wurde auch das Frauenwahlrecht eingeführt – wie bei der Demokratie in Athen nicht, weil es gerecht war, sondern weil die Frauen gebraucht wurden.

Der Baum der Erkenntnis

Eine Geschichte aus der Bibel hat mich immer aufgeregt, und ich habe sie nie verstanden. Es ist gleich die erste – na ja, nicht ganz die erste, erst müssen ja Himmel und Erde geschaffen werden, damit nicht nur Nichts ist. Aber dann gab es das Paradies und Menschen, zwei Stück, Adam und Eva, und es gab den Baum der Erkenntnis. Und von dem durfte man nicht essen. Das habe ich nie kapiert. Was ist denn das für ein Verbot, dass Menschen nicht Erkenntnis schöpfen dürfen?

Mir ist natürlich schnell klar (gemacht) geworden, dass diese Erkenntnis und dieser Baum eine Metapher sind für die Grenzen des Wissens und dass Adam und Eva sie überschreiten MUSS-TEN, damit die Menschen das Selbstbewusstsein – das ist wörtlich gemeint: ein Bewusstsein ihrer selbst – erlangen konnten. Wissen ist immer Eroberung eines neuen Raumes. Und das bedeutet, dass Wissen zu erlangen immer heißt, eine oder mehrere Grenzen überschreiten zu müssen. Wer Verbote nicht hinterfragt, wird nie wissen, warum es sie gibt.

Dennoch – oder besser: deshalb – fand ich die Ansage von Gott immer komisch, dass Menschen nicht wissen dürfen sollten. Das war irgendwie spießig. Und wenn die Menschen schon dumm bleiben sollten, warum wuchs dann überhaupt dieser Baum der Erkenntnis? Entweder Dummheit und kein Baum oder Baum und Erkenntnis.

Hab ich eben geschrieben, dass Adam UND Eva eine Grenze überschreiten mussten? Das war natürlich falsch. Adam hat gar nichts getan, außer rumzuölen und Bedenken zu tragen. Eva hat die Grenze überschritten. Das wurde als Sünde interpretiert, als Strafe dafür sollte das Gebären Frauen Schmerzen bereiten. Auch das ist eine Metapher: Tatsächlich hat die Erfindung des Denkens etwas mit einer schmerzvollen Geburt zu tun. Denn weil die Menschen sich aufrichteten, den Kopf erhoben und den aufrechten Gang lernten – das sind ja alles Bilder für Selbstbewusstsein –, schob sich ihr Becken nach vorn und die Beckenschalen nach unten. Das macht die Geburt zu einer schwierigen Übung. Und die Kinder mussten als ganz kleine, eigentlich noch gar nicht lebensfähige Würmchen zur Welt kommen. Aber durch den aufrechten Gang wurde der Kopf frei zum Denken.

Neulich las ich, dass Intelligenz nicht von den Herren der Schöpfung, sondern von den Frauen vererbt wird. (Das ist jetzt kein Grund für feministischen Übermut, denn auch mangelnde Intelligenz wird also von Frauen vererbt.) Frauen sind nicht intelligenter als Männer, nur liegen die Anlagen fürs Denken eben auf dem weiblichen X-Chromosom.

Als ich das las, musste ich sofort an die Bibel und an den Baum der Erkenntnis denken. Die alten Hebräer hatten bestimmt gar keine Ahnung von Chromosomen, und vermutlich wussten sie auch nicht, dass die ersten Menschen im Garten Eden hüftgroße Halbaffen waren mit langen Armen und langen Zähnen, einem gebeugten Gang und Fell überall – nur immer weniger im Gesicht, weil nämlich mit der Intelligenz auch die Mimik kam.

Aber obwohl Adam und Eva ganz anders aussahen, als die alten Hebräer sich das so gedacht haben, hatten sie wohl doch eine Ahnung davon, dass Frauen der Menschheit die Erkenntnis bringen. Und Männer – tja, ich weiß nicht, ob sie Bangebüchse sind, aber bequem und autoritätshörig sind sie, sagt jedenfalls die Bibel. Manchmal sind die spießigsten Geschichten auch die besten.

Winter in Kopenhagen

Kopenhagen ist die kälteste Stadt, die ich kenne. Das habe ich auch schon einmal literarisch bestätigt bekommen, in Peter Høegs Buch „Fräulein Smillas Gespür für Schnee", das allen Kopenhagendemonstranten wärmstens (wenn man das so sagen darf) ans Herz gelegt sei. Die Kälte in Kopenhagen kommt von einer eigenartigen Mixtur aus Luftfeuchtigkeit und Ostwind. Die lässt die Stadt fünf Grad kälter erscheinen, als es tatsächlich ist. (Ich bin mal mit einem Russen getrampt, der aus dem Ural kam. Er sagte, dass es dort bis minus zwanzig Grad kalt wird, aber die Luft so trocken ist, dass man die Kälte nicht merkt.)

In Kopenhagen habe ich ein Jahr lang gelebt – von 1992 bis 1993. Das war das Weichenjahr meines Lebens. Vieles, wenn nicht alles, was heute ist, ist damals entstanden. Und bis heute ist Kopenhagen „meine" Stadt, gepflastert mit Erinnerungen, getauft mit Bildern. So verfolgte ich die Berichte über den Klimagipfel, die Demonstrationen und Politiker, die Reden, das Nicht-Handeln, das Scheitern mit der Neugier einer ehemaligen Augenzeugin. Was machten die alle in meiner Stadt? Was machten die alle mit meiner Stadt? Nun, sie demonstrierten und stritten für kälteres Klima. Politisch ist das überfällig – und Schande über alle, die das nicht begriffen und durchsetzten.

Für mich waren diese Momente nicht frei von Ironie: Ausgerechnet in Kopenhagen für mehr Kälte streiten! Da waren die Spaziergänge mit hochgestelltem Mantelkragen am Öresund, da waren die Dauerläufe an den gefrorenen Seen vorbei, und als meine Mutter mal zu Besuch kam, ging ich mit ihr die Langelinie raus zur Kleinen Meerjungfrau, klein und kalt inmitten von Eisschollen. Wir lebten in einer Wohnung mit einfach verglasten Scheiben, die morgens von innen gefroren waren. Wenn wir abends noch lasen und für die Uni arbeiteten, hatten wir unsere Mäntel an, und zusätzlich waren wir in Decken gewickelt. Wir wärmten unsere Hände über dem Toaster, damit die Finger beweglich genug waren, um zu schreiben. Immer war es kalt, eisig geradezu. Sonntags gingen wir zu den unsäglichsten Matineen, nur weil die Museen warm waren. Dieser Winter gehört zu Kopenhagen.

Und so gesehen ist es nun doch wieder folgerichtig, dass der Klimagipfel dort stattfand. Denn wird der Winter abgeschafft, geht vor allen Dingen das Klima der dänischen Hauptstadt, meiner Lieblingsstadt, flöten. Und damit all das, was die skandinavische Weihnacht ausmacht, Gløgg und Nisse, die sich um Milchreis balgen, rote Nasen vor roten Flaggen, Wollmützen, wie sie jetzt wieder in Mode kommen, Juleøl, Æbleskiver.

Auch wenn ich klinge wie meine eigene Großmutter, die immer von den Kriegswintern erzählte, die so kalt waren, dass all das Elend doch irgendwie romantisch klang – die Welt wird wärmer, das ist weder Illusion noch Nostalgie. Und es gibt tausend Gründe, gegen den Klimawandel vorzugehen, sein Leben zu verändern und die politischen Anreize dafür zu schaffen. Aber es gibt auch einen persönlichen, einen nur für mich: die Erinnerung an die dänische Kälte. So wird jeder und jede sicher Erinnerungen an Kälte und Glück haben, Glühwein im Schnee, Eishockey und Küsse, Flockenrieseln und warme Hände in den seinen, rote Kinderbacken und das Prickeln, wenn der Schnee, der einem in den Kragen geworfen wurde, taut.

Was ich mich frage, ist, ob nicht auch die Politiker solche Erinnerungen haben. Und ob sie, wenn sie als Individuen und Menschen angesprochen worden wären, nicht als Staatenlenker, die das Brutto-Irgendwas-Produkt im Kopf haben müssen, Kopenhagen nicht zu einem Ort ihrer Erinnerung gemacht hätten.

Schnee und Matsch

Irgendwie gehört es sich, wenn der Winter einmal richtig kommt und über die Feiertage bleibt, eine Kolumne über den Schnee zu schreiben. Über seine Reinheit, über die Winterfreuden, über Schlittenfahrten und den Versuch, mit Skiern in Schleswig-Holstein was anzufangen, über Frostbacken, Glühweinhände, kalte Füße, heiße Herzen. Aber eine Kolumne über den Schnee, das ist ungefähr so wie ein Lied über Weihnachten. Und wer hätte sie nicht schon am ersten Tag über, an dem uns die Sender mit ihnen beglücken, jenen „Last Christmas"-, „Do they know it's Christmas time"-, „Driving home for Christmas"- und „Santa Claus is coming to town"-Schnulzen. Ich kann gar nicht sagen, dass ich sie alle doof finde. Ich finde ja auch Schnee nicht doof. Aber über ihn zu schreiben und sich über die Lieder zu freuen, gar mitzusingen, heißt ein Klischee zu bedienen.

Als ich mich nun am Abend (die Familie schaut den großen Wochenendfilm) an den Laptop setze, regnet es bei grauen vier Grad. Draußen wird der Schnee zu Matsch, von den Dächern tropft es. Es ist ein Wetter, in das man buchstäblich keinen Hund rausjagen würde. Und so liegen unsere Katzen vor dem Kamin und träumen vermutlich davon, sich ebenfalls zu der versammelten Familie auf das Fernsehsofa kuscheln zu können – aber das wurde vor Weihnachten neu bezogen und ist für sie tabu. Rausgehen werden die Katzen, wasserscheu und allergisch gegen kalte Pfoten, heute ebenfalls buchstäblich nicht.

Also Schneematsch. Über Schneematsch gibt es weder Lieder noch Gedichte. Das hat jedenfalls meine Suchanfrage im Internet ergeben, und auch in meiner näheren Umgebung kennt keiner eines. Auf den ersten Blick wenig überraschend. Da gibt es weder das Weiß der Unberührtheit, die Klarheit der Luft, das Zudecken von „Kummer und Harm". Auf den zweiten Blick eine echte Marktlücke. Wann sonst könnte man so wunderbar sein Haus besingen, sein Wohnzimmer, den Wochenendfilm, die Katzen, das Es-sich-gemütlich-Machen. Vielleicht passt kein Glühwein zu Schneematsch, aber Winterbock, stark und mild, das passt. Und wer will schon Reinheit, wo doch das Leben im Wesentlichen darin besteht, das große Kuddelmuddel irgendwie auszuhalten und zu gestalten?

Matsch, das ist der unklare Übergang von einem Zustand in einen anderen, das ist weder fest noch flüssig, sondern was dazwischen, das ist nicht mehr Winter und noch nicht Frühling, Matsch, das ist der Kompromiss als Wetter. Und deshalb vermutlich gibt es keine Lieder über ihn. Wer feiert schon den Kompromiss?

Der Kompromiss hat einen schlechten Ruf. Zu Unrecht, wie ich finde. Denn er bedeutet den Ausgleich von Interessen. Warum sollte man sich dafür schämen, möglichst vielen Leuten ihren Willen zukommen zu lassen? Klar, das klingt danach, keine eigene Meinung zu haben oder es allen recht machen zu wollen. Aber sind denn die Schneemänner vorzuziehen, die immer alles besser wissen, die unverrückt und festgefroren mit ihren Mohrrübennasen dastehen und stets in die gleiche Richtung zeigen? Dann doch lieber Tauwetter, dann doch schmelzende Köpfe und nasse Füße und die Endlichkeit statt Ewigkeit. Ein Loblied über den Schneematsch, das wäre ein Lied vom Leben, von seinen Übergängen und dem kleinen Glück, wenn man etwas erreicht hat.

Lichtes Dunkel

Einen Nachtspaziergang habe ich schon lange nicht mehr gemacht. Früher war das normal. Es gehörte zum Leben wie Popmusik und Tanzen. Als die Kinder geboren wurden und noch so klein waren, dass sie manchmal schrien, und unsere Wohnung nur Leichtbauwände hatte und am nächsten Tag Klausuren und Prüfungen ein halbwegs ausgeschlafenes Gehirn erforderten, da wechselten wir uns ab und schoben mit dem Kinderwagen um die Alster, nachts, in einer Stadt, die nie schläft und nie dunkel ist, die Lichter der Laternen und Hochhäuser auf dem Wasser wie in der Disco, in die man nun nicht mehr ging. Mit dem Älterwerden der Kinder gingen mir die Nachtspaziergänge irgendwie verloren. Die Tage waren voll, und wenn wir am Abend noch Kraft hatten, setzten wir uns zusammen und diskutierten Handlungsstränge des neuen Romans oder korrigierten Druckfahnen.

Neulich aber gingen wir einfach in die Nacht. Die Kinder schliefen. Würden sie wach werden, wären sie alt genug, nicht in Panik zu verfallen. Wir wanderten aus dem Dorf, eine kalte, klare Nacht, mit knirschenden Pfützen, weil schon ein dünner Eisfirn sie überzogen hatte – und Dunkelheit. Richtige Dunkelheit, wie ich sie schon lange nicht mehr gesehen hatte. Wir hielten uns an den Händen. Als sie zu kalt wurden, steckten wir sie in seine Manteltasche. Dann redeten wir. „Wusstest du, dass Piraten ihre Augenklappen nicht hatten, um ihr ausgeschossenes Auge zu verbergen, sondern damit das abgedeckte Auge an die Dunkelheit unter Deck gewöhnt war?", fragte er. „Wer sagt das denn?" Er nannte einen Kindernamen. „Haben sie angeblich im Fernsehen gesagt." „So, na dann muss es wohl stimmen, oder?" Wir gingen ein Stück und versuchten, unsere Augen an die Dunkelheit zu gewöhnen, Freibeuter der Nacht.

Ich stellte mir vor, wie dunkel es wohl auf dem Meer ist. Wahrscheinlich gar nicht dunkel, jedenfalls nicht auf den Piratenmeeren. Da prangen die Sterne, man segelt unter dem Kreuz des Südens, und der Mond legt eine Bahn aus geraubtem Lichtgold auf das Wasser. Jedenfalls waren meine Nächte im Süden so. Auf den Nordmeeren muss es anders gewesen sein, bei Störtebeker oder Erik dem Roten, aber haben die Augenklappen getragen?

Aus der Ferne – einer Ferne, die man schwer schätzen konnte – blinkten jetzt die roten Signalleuchten von Windrädern. „Klingt so, als müsstest du darüber mal eine Kolumne schreiben", sagte er. Schon klar, immer wenn es um Piraten, Mord und Totschlag geht, rät er mir, darüber mal eine Kolumne zu schreiben. Wenn es nach ihm ginge, wären Kolumnen reine Abenteuergeschichten. Aber diesmal hatte er vielleicht nicht ganz unrecht. „Über Augenklappen?", fragte ich. „Über die Dunkelheit", sagte er. Ich überlegte. Ich jonglierte mit den roten Blinklichtern am Horizont.

Die Dunkelheit, gibt es sie denn heute noch? Sollte ich nicht besser darüber schreiben, was man heute Lichtverschmutzung nennt? Welch ein Wort! Ein Wort, das alles auf den Kopf stellt, das Positive und Gute, die Metapher für Gott und Hoffnung – als Schmutz. Aber es stimmt doch. Die Dunkelheit ist uns verloren gegangen, und wenn man aus dem Weltraum auf die Erde schaut, ist das Licht der Fieberausschlag der Zivilisation. Aber hat diese Nacht solche Gedanken verdient? Und geht man so mit den Wünschen eines Mannes um, mit dem man Hand in Hand in der Manteltasche durch die Nacht wandert, während die Kinder schlafen? Also über die Dunkelheit. Die Lichtverschmutzung kommt später, wenn überhaupt.

Resignation und Einsicht

Eine mir sehr nahe stehende ältere Dame überraschte mich neulich mit einem sehr grundsätzlichen Satz. „Ich verstehe die neue Zeit nicht mehr." Das war etwas fundamental anderes als ähnliche Sätze wie „Früher war alles besser", „Die Jugend von heute ist auch nicht mehr, was sie mal war". Die nämlich zeigen mit dem Finger auf die Gegenwart. Sie weisen sozusagen Schuld zu. Am besten (und literarisch anspielungsreichsten) hat dieses Jammern über Veränderung einmal der amerikanische Schriftsteller Robert Harris zusammengefasst: „Die Leute beschweren sich über den moralischen Verfall, seit Shakespeare angefangen hat, Komödien zu schreiben." Shakespeares Komödien gehören bekanntlich zum Besten, was die literarische Vergangenheit so zu bieten hat.

„Ich verstehe die Zeit nicht mehr" – das ist ein Satz voll Kummer, ein Satz ohne Klage. Ein Satz, der nüchtern feststellt, dass heute eine Sprache gesprochen wird, die diejenigen, deren Kinder vor zwanzig Jahren ausgezogen sind, kaum noch verstehen können. Und ich meine nicht Slang und Jugendsprache. Ich meine, dass Worte wie Chat oder Internet-Community oder Flashmob tatsächlich eine andere Wirklichkeit beschreiben. Mit dem PC oder dem Internet hantieren inzwischen auch Rentenbezieher einigermaßen selbstverständlich. Sie verschicken E-Mails oder tippen ihre Steuererklärung bei Elster ein. Aber für die Fünfzehn- bis Fünfundzwanzigjährigen ist das Internet eine andere Kommunikationsform. Sie leben darin, sie verlieben sich dort, sie sprechen eine codierte Sprache, die man außerhalb nicht mehr versteht, sie haben einen anderen Freiheitsbegriff und eine andere Kulturauffassung. Das macht mich manchmal ratlos. Aber wie soll es erst meiner älteren Freundin gehen, die noch nicht mal einen PC hat?

Die Umfragen vor Wahlen gehen übrigens deshalb so oft in die Irre, weil von den Meinungsforschern stets nur Leute auf dem Festnetz angerufen werden, die meisten unter dreißig aber gar keinen Festnetzanschluss mehr haben, sondern nur noch „mobil" unterwegs sind. Das ist nur eine Randbemerkung. Die Hauptbemerkung über den vergangenen Wahlkampf ist, dass offensichtlich so mancher Berichterstatter so fremd vor der neuen politischen Wirklichkeit stand, dass er nur noch mit Kopfschütteln im besten Fall und mit Hass im schlimmsten reagieren konnte.

Der Blues, der mich so oft bei politischen Auftritten überkommt, hat viel mit dem Typus Politiker zu tun, der immer laut „Basta" ruft, der nie zuhören will, nichts riskieren, weil er sich hinter Phrasen versteckt und Macht immer nur verwaltet und nicht gestaltet. Aber hier und da gab es diesmal parteiübergreifend neue Politikertypen. Ihre vermeintlichen Schwächen werden die zukünftigen Stärken sein. Ihre Nachdenklichkeit statt Großmäuligkeit wird darüber entscheiden, ob politische Parteien bestehen können. Koalitionsfähigkeit wird von Kommunikationsfähigkeit abhängen, nicht vom Auf-den-Tisch-Hauen. Nicht mehr Alter, Mainstream und Körperfülle stehen für Autorität, sondern andere Erfahrungen, Außensichten, Individualität. Längst ist ein anderes politisches Spitzenpersonal mehrheitsfähig geworden.

Auffällig war jedoch, dass eine überkommene Generation von Journalisten sich die Alten zurückwünschte und den Aufbruch verfluchte. Die Einsicht meiner alten Freundin bewundere ich. Und ich hoffe, dass meine Kinder einmal nachsichtig mit mir sind, wenn ich ihre Welt nicht mehr verstehe.

Prassen und Fasten

Da saßen sie und soffen sich die Hucke voll. Die Politiker redeten sich besoffen. Literweise Bier, rote Köpfe und ein Niveau, dass es der Sau graust. Das Ganze nennt man politischen Aschermittwoch. Langsam, aber sicher macht diese politische Tradition auch den Norden unsicher. Es soll wohl lustig sein, was dort geboten wird. Aber da dieses Theater nur eine Fortsetzung des allgemeinen Polittheaters ist, sind die Aschermittwochsreden ja nicht mal was anderes, sondern nur mehr vom Gleichen. Genau das ist meistens aber nicht lustig, sondern eher peinlich.

Und was ich nie verstanden habe, ist, dass dieses Affentheater ausgerechnet am Aschermittwoch stattfindet. Am Aschermittwoch, an dem doch alles vorbei sein soll. Insgesamt kann ich mit dem ganzen Karnevalskram gar nichts anfangen. Und spätestens seit ich einmal – als Norddeutsche vergisst man ja, dass es so was wie Jecken gibt – unachtsam in Köln in einem Zug mit lauter grölenden, geschminkten, verschwitzten Narren gelandet bin, der wegen ständigem Getorkel an den Türen auch noch stundenlange Verspätung hatte, hasse ich ihn geradezu.

Abgewinnen jedoch kann ich dem Gedanken des Fastens etwas. Sogar ganz viel. In einer Gesellschaft der Verschwendung und des – trotz der gestiegenen Armut – Wohlstands ist Verzicht zu üben eine Tugend. Jedenfalls ist es eine unbekannte Erfahrung. Denn was sich ja in den letzten Jahrzehnten verändert hat, ist genau diese Beziehung: Armut wird durch Verschwendung kompensiert. Die ehemaligen Luxusgüter – Schokolade, Süßigkeiten, Alkohol, Fernseher, Handy – sind heute allgegenwärtig und vergleichsweise preiswert zu bekommen. Während Obst und Gemüse, Schwarzbrot und guter Käse richtig Geld kosten. Mit Bedacht essen muss man sich also leisten können. Kochen ist von einer

Grundbeschäftigung zu einem Hobby geworden, und Fasten ist ein Luxus. Aber es ist ein Luxus, den sich eigentlich jeder leisten kann.

Eine Zeit des Weniger in der Übergangszeit zwischen dem kalten Matschwetter und dem Frühling, das wäre eine Bereicherung. Es wäre vielleicht eine Zeit der Besinnung. Und diese Zeit beginnt mit dem Aschermittwoch. Hallo, Politiker! Der Aschermittwoch ist der erste Fastentag, nicht der Höhepunkt des Komasaufens. Dass das vergessen wurde oder nie gewusst oder bewusst verfälscht, das sagt etwas über das politische Bewusstsein aus. Und nichts Gutes! Ausgerechnet das katholische Bayern macht mit, statt mit gutem Beispiel voranzugehen. (Wenn ich dort auf Lesereise bin, wundere ich mich immer wieder über die Kruzifixe in jedem Klassenraum und die Fotos der Bundespräsidenten an den Wänden. Glauben als Obrigkeitshörigkeit zu interpretieren ist jedenfalls nicht meine Art zu glauben.)

Aschermittwoch bedeutet Einkehr. Er stammt nämlich vom Brauch, den Gläubigen ein Aschekreuz auf die Stirn zu zeichnen aus der Asche der verbrannten Palmenzweige des Vorjahres. Dann beginnt die Fastenzeit als Erinnerung an Jesu Fasten in der Wüste. Aschermittwoch, das ist der Beginn einer Zeit der Buße. Die Politiker jedoch, die da laut rumkrakeelen, haben wohl was falsch verstanden. Es geht um Selbstbuße, nicht darum, andere büßen zu lassen. So jedenfalls gewinnen die Politiker keine Sympathien bei mir. Und je lauter sie schreien, desto weniger höre ich ihnen zu. Eine würdige Aschermittwochsveranstaltung wäre eine des Politikfastens.

Lob des Kaffeekochens

Meine Kinder sind schuld. Nein, nicht dass sie was angestellt hätten. Sie sind nur älter geworden. Und statt auf Spielplätzen mit Schaukeln und Sandkisten warte ich jetzt meist in Elektrosupermärkten auf sie. Das hat den Vorteil, dass man warme Füße hat, und den Nachteil, dass man zwischen blinkenden Handys, ratternden Spielprothesen und Raumschiff-Geräusche ausstoßenden Bildschirmen steht. Insgesamt finde ich kalte Füße deutlich angenehmer.

Aber ich musste noch warten und bummelte durch die Regalreihen. Von den Computern zu den Spielkonsolen zu den Fotoapparaten zu den Küchengeräten und schließlich zu den Kaffeemaschinen. Mir ist zwar nicht entgangen, dass hier und da und um mich herum Menschen sich solche Kaffee-Höllenmaschinen angeschafft haben, mit denen man alles kann, Milch schäumen, Espresso, Latte Macchiato oder Cappuccino kochen. Auch in den Dauerwerbesendungen auf den privaten Programmen habe ich schon Werbung dafür gesehen, auch sehr gute und lustige, wie die mit George Clooney, der von Gott sein Leben im Tausch gegen einen Kaffeeautomaten wiederbekommt, aber mir war nicht klar – mal abgesehen von den astronomischen Preisen – welch ein Kult um diese Dinger betrieben wird und, um es vorweg zu nehmen, wie sehr die Kultur des Kaffeekochens unser Leben beeinflusst.

Kleiner historischer Ausflug: Was mir die Kinder, waren einem abessinischen Hirten um 900 nach Christus die Ziegen. Er lebte in der Region Kaffa. Den ganzen Tag musste er auf sie aufpassen. Und dann wollten einige Tiere abends einfach keine Ruhe geben, sprangen umher und wurden nicht müde. Sie hatten, so berichtet eine alte Quelle, von einem Strauch mit roten Früchten gefressen. Der Hirte erzählte das den Mönchen eines nahen Klosters, und diese probierten gleich die Wirkung an sich aus und konnten daraufhin bis in die Nacht reden und beten (und was immer Mönche sonst noch tun). Die Hirten wiederum aßen die Früchte wie Kirschen und spuckten sie angewidert ins Feuer. Woraufhin die roh ungenießbaren Bohnen einen herzhaft-rauchigen Geruch verströmten. Kaffee wurde geröstet. Im 14. Jahrhundert brachten Sklavenhändler den Kaffee nach Arabien, und um 1600 gelangte er nach Europa und wurde von einer Aufputschdroge zu einem Genussmittel, das erheblichen Umsatz brachte. So versuchte zum Beispiel Preußen ein staatliches Kaffeemonopol durchzusetzen und stellte ehemalige französische Soldaten ein, die die illegalen Kaffeeröstereien durch ihren Geruchssinn aufspüren sollten.

Ich war vor einigen Jahren in der Hamburger Speicherstadt und in einem Museum dort. Man konnte nacherleben, wie es früher in dem Hafen nach Gewürzen und Kaffee gerochen haben musste. In Lüneburg kaufte ich ab und zu in einer kleinen privaten Kaffeerösterei ein, weil es einfach so unwiderstehlich gut roch. Was ich sagen will: Kaffee ist etwas Überkommenes. Und das geht für mich im Schnelldurchlauf hochglänzender Höllenmaschinen flöten. Das Einschaufeln von Pulver in einen Filter oder das Zudrehen einer einfachen italienischen Espressomaschine, die am besten auf einem Gasherd steht, das Aufschäumen von Milch mit der Hand, entweder mit einem Schneebesen oder in einem Pumptopf, Überkleckern auf die Herdplatte eingeschlossen, das gehörte zur Geschichte der letzten Kaffeejahrzehnte. Und die warme Tasse in der Hand, der erste Schluck am Morgen. Irgendwie finde ich, Genuss muss erarbeitet werden. Ich bin eine Ewiggestrige.

Zeugen der Vergangenheit

Lesereisen sind ein Teil meines Lebens. Meist ein guter. Jedenfalls breche ich immer voller Elan und Glück auf. Dass ich dann kaputt bin, wenn ich eine Woche später im Zug über die Kanalbrücke schaukle und wieder nichts weitergeht, weil erst ein entgegenkommender Zug vorbeigelassen wird, steht auf einem anderen Blatt.

Man glaubt ja gar nicht, wie anstrengend Lesen sein kann. Und ein Hotel ist eben kein Zuhause. Was mir von den meisten Lesereisen vor allen Dingen in Erinnerung bleibt, das sind die einsamen Wege gegen Mitternacht durch verlassene Innenstädte in Zürich, Leipzig, Dresden oder Köln, nach einem Weinabend mit Buchhändlerinnen, Verlegerinnen oder Journalistinnen. Da ist man dann allein mit sich, konzentriert in der Fremde. Gelbes Laternenlicht fällt auf die Wege, man schaut auf seine Füße und fängt Kinderspiele an, wie „Nicht auf die Fugen zwischen den Pflastersteinen treten". Das ist aber nicht immer leicht. So gibt es immer wieder diese Abschnitte von kleinen, etwa fünf mal fünf Zentimeter breiten Steinen, in mühevoller Kleinarbeit gelegt. Vor wie vielen Jahren, weiß schon keiner mehr.

Neulich entdeckte ich in Flensburg, dass diese Steine wieder verlegt werden, statt der üblichen Nullachtfünfzehn-Gehwegplatten. Ich frage mich, wer nach welchem System entscheidet, welche Pflastersteine gelegt und verbaut werden? Offensichtlich gibt es eine Geschichte der Baumaterialien. Und wie jede Geschichte hat sie auch etwas zu bedeuten, hält verborgene Informationen über ihren Bauherrn, Planer und die Menschen, die darüber gelaufen sind, in sich.

In Leipzig gibt es auf dem Weg in die Südstadt ein sehr altes Pflaster. Ich kenne mich mit den Gesteinsarten nicht so gut aus, aber vielleicht ist es Granit – ein Granit, der schon lange nicht mehr grau ist, dessen Enden rund getreten sind von Millionen von Füßen von Menschen, die schon lange gestorben sind. Schritte in Stiefeln im Winter der DDR, Barfußschritte von Kindern in der Diktatur, Soldatenschritte im Zweiten Weltkrieg, vielleicht Kaiserreichsschritte, preußischer Stechschritt – was diese Steine wohl gesehen haben?

In Rom (dahin hatte ich noch nie eine Lesereiseeinladung) gibt es die runden Steine der Via Appia, vor zweitausendfünfhundert Jahren von Sklaven gelegt. Und natürlich weiß ich, dass Steine aus Stein sind und keine Erinnerung haben, aber ich bilde mir ein, die Hände, die Schmerzen, das Unglück dieser Menschen sehen zu können, die sie damals verlegten. Und merkwürdigerweise kann ich das in Steinen mehr als in Büchern, Gemälden, Kunst. Es ist, als ob die Härte der Materie eine festere Hülle für diesen unsichtbaren Erinnerungskern ist.

Ähnlich wie die Via Appia sind Bürgersteige in Berlin mit großen, was sage ich, riesigen Quadern ausgelegt, Quadern, die unmöglich mit der Hand verlegt worden sein können, aber irgendwie sein müssen, denn auch sie scheinen alt, sehr alt. Warum sie in dieser Größe konzipiert wurden – eines der letzten Rätsel der Menschheit. Vielleicht weil weniger Unkraut durch weniger Fugen wächst.

Ich las neulich, dass eine Gemeinde auf die Idee gekommen ist, die Winterschlaglöcher an ihre Bürger zu verkaufen und den Namen desjenigen, der für den Asphalt bezahlt, in die ausgebesserte Stelle einzugravieren. So ähnlich wie die Schauspieler in Hollywoods Walk of Fame verewigt werden. Ob mit oder ohne Schrift – der Boden, auf dem wir gehen, trägt unsere Geschichte. Und die Geschichte derer, die vor uns darauf gegangen sind.

Weißes Gold

„Hier werden die Bürgersteige mit Gold gepflastert" ist eines der geflügelten Worte für sehr, sehr wohlhabende Gemeinden oder Straßenzüge. Und in diesem Winter, da pflasterten wir die Gehwege mit Salz zu. Streusalz ging aus, und die Aktien der Salz- und Kaliwerke stiegen um das Doppelte und Dreifache. Man konnte mit dem Salzverkauf richtig Geld verdienen – wenn man denn noch welches gehabt hätte. Salz meine ich. Salz ging aus. Plötzlich war es wieder weißes Gold.

In einem vorigen Leben lebte ich drei Jahre lang in Lüneburg. Lüneburg ist die alte Salzstadt. Sie war geradezu auf Salz gebaut. „War", weil die Schächte und Tunnel unterhalb der Stadt jetzt leer gekratzt sind. Etwa die Hälfte des Stadtgebietes rutscht so langsam aber sicher ab. Durch die Häuser meiner Freundinnen ziehen sich tiefe Risse. Auf die Tische kann man keine Murmeln legen, und der Kaffee sieht aus, als stehe er schräg in der Tasse. Diesen buchstäblichen Absturz hat sich Lüneburg erkauft, denn die Stadt ist durch den Salzabbau steinreich gewesen. Sogar eine Hansestadt war sie. Über den Elbe-Lübeck-Kanal (oder wie auch immer der Vorläufer hieß) wurde das weiße Gold auf die Koggen geladen und dann in die Welt verschifft. Zeitweise war Salz wirklich teurer als Gold.

Eine neue technische Entwicklung und kulturelle Weiterentwicklung machte Lüneburg dann schwer zu schaffen und brach ihm letztlich das Salzgenick. Meersalz wurde gewonnen. Und in einer Art ersten Globalisierung wurde es weltweit verschifft und verschickt. Die großen Schiffe luden Meersalz als Ballast – und damit sanken die Salzpreise in den Keller. Noch immer war das Lüneburger Salz reiner und hochwertiger. Das Meersalz des Atlantiks war stark verunreinigt, oft genug nicht nur von Algen oder Fischen, sondern auch von menschlichen Überresten. Wie man im Salzmuseum in Lüneburg nachlesen kann (oder konnte, es ist schon zehn Jahre her, dass ich da drin war), beklagten sich die Meersalzkunden des Öfteren darüber, dass ihnen Leichenteile, Piratenhände oder -waden entgegen fielen, wenn sie ein Salzfass aufmachten. Salz jedenfalls konnte in Gold aufgewogen werden. Man brauchte es, um Fleisch und Fisch haltbar zu machen und als Genussmittel für den Geschmack. Kühlschränke gab es nicht. Auch das ist vielleicht eine Erinnerung wert, an Tagen, an denen wir über Temperaturen immerfort klagen.

Letztlich aber ist Salz selbst ein Lebensmittel. Fünf Gramm braucht ein erwachsener Mensch täglich. Und heute essen wir viel zu viel davon, weil es als Geschmacksverstärker in Käse und Wurst und überall bereits versteckt ist.

Es auf den Fußweg zu schmeißen, darauf wäre wohl kein Bewohner des Mittelalters im Traum gekommen. Wieso sollte man mit Gold die Gehwege pflastern? Das wäre jedem spätrömisch dekadent vorgekommen. Und tatsächlich streut man, wenn man es genau betrachtet, mit Salz ein Lebensmittel auf die Straße. Ein Luxusverhalten zum Schaden der Natur, der Bäume und Hundepfoten, die im Winter sowieso schon arg leiden. Dieser Winter musste erst acht Wochen lang dauern, bis sich wieder einstellte, was eigentlich normal ist: Dass man im Winter auf Schnee vorsichtiger geht und langsamer fährt und die Erwartung, dass immer alle Wege gleich abgetaut sind, eigentlich eine überzogene Anspruchshaltung ist. Aber ich wette, im nächsten Winter haben wir es wieder vergessen. Die Salzlager werden aufgefüllt, dass es einmal weißes Gold war, spielt keine Rolle mehr.

Politik als Beruf

Nun lebe ich seit Jahren mit einem Mann zusammen, der Politiker ist. Jedenfalls habe ich ihm gesagt, er solle aufhören sich zu zieren, wenn ihn jemand als solchen anspricht. Immer dann nämlich druckste er herum, war es ihm irgendwie peinlich (ich verstehe auch warum), murmelte er etwas von „bürgerlichem Engagement" und „nichts Besonderes dabei". Papperlapapp, hab ich gesagt, du triffst politische Entscheidungen, und meine Bücher muss ich jetzt alleine schreiben. Also bist du ein Politiker. Grummelnd zog er ab.

Aber drei Tage später hatte er es kapiert. Den Beweis bekam ich schriftlich. Eine Einladung zu einem Empfang, einem politischen, versteht sich. „Wäre cool, wenn du mitkämst", sagte er. „Was soll daran cool sein?", fragte ich. Grummelgrummel seinerseits. Aber nachdem ich ihm das nun eingeredet hatte mit dem Sich-zu-seinem-Beruf-Bekennen, konnte ich ihn jetzt nicht hängen lassen. Sechs Jahre lang hat er mich mit solchen Einladungen verschont. Aber sechs Jahre lang hab ich ihn auch nicht aufgefordert, sich Politiker zu nennen.

Kleiner Einschub: Ist Politik eigentlich ein Beruf? Einerseits, klar. Leute bekommen Geld dafür und verbringen ihre Zeit damit. Wenn ich an den mir am besten bekannten Politiker denke, der, während ich das schreibe, am Schreibtisch neben mir eine Rede in die Tasten drischt, es ist dreiundzwanzig Uhr durch, viel zu viel Zeit, Achtzigstundenwochen, würde ich schätzen. Politiker treffen Entscheidungen und übernehmen Verantwortung – mehr als andere. Andererseits – kann man Politiker „lernen"? Gibt es eine Berufsausbildung? Irgendwie nicht, beziehungsweise nur in der Politik. Da gibt es keine Schule, sondern nur Training „on the job", wie man Neudeutsch sagt. Aber das erklärt höchstens, wieso es kaum Seiteneinsteiger gibt, spricht jedoch nicht gegen Politik als Beruf. Es ist ganz klar einer. Sonst hätte mein Mann ja recht und nicht ich, und das hier ist immerhin meine Kolumne. Meine Kolumne – sein Empfang. „Klar, ich bin dabei ...", sagte ich. „Wir müssen uns was Schickes anziehen", sagte er. „Okay", ich. „Nein, so richtig. Nicht Stiefel und zerrissene Jeans. Abendgarderobe." „Wissen die überhaupt, wie teuer die zerrissenen Jeans waren?", fragte ich. Abendgarderobe hatten wir beide nicht. Und meine Unlust, eine anzuschaffen, beendete die Bereitschaft, zu diesem Empfang zu gehen, schlagartig.

So blieb die Entscheidung ein paar Tage in der Schwebe, bis wir die Eltern des Politikers an meiner Seite besuchten, und schwups zauberte meine Schwiegermutter ihr Abendkleid hervor – vierzig Jahre alt. Und wie die Mode so spielt, jetzt war es wieder cool. So richtig. Ich sah aus, sagte mein Politikermann, wie Frida von Abba (dabei würde ich, wenn schon, lieber aussehen wie Agnetha). „Jetzt fehlt nur noch mir ein Smoking", sagte mein Mann. Und schwups steckte er in dem Smoking seines Vaters. Er fasste in die Innentasche und zog die Karte seines Abi-Balls hervor. Seitdem hatte das Ding im Schrank gehangen. Er guckte versonnen und überlegte wohl, mit wem er damals getanzt hatte und wer vielleicht in ihn verliebt gewesen war. Aber auch das ging vorbei.

So gab es kein Zurück mehr, und ich fuhr zu meinem ersten politischen Empfang. Er führte mich herum. Alle waren da, die ich aus den Zeitungen und dem Fernsehen kenne. Zu allen gingen wir oder sie kamen zu uns. Ich stand zum ersten Mal neben dem Politiker. Und sah, dass er einer war. Er konnte es gut, dieses Smalltalken. Wer will mal mit wem regieren? Wer nie mit wem? Aber diesmal stockte das Gespräch schnell – Regierung hin, Regierung her. „Ist das Ihre Frau?" Und dann fiel der meistgesprochene Satz des Abends: „Ich lese immer Ihre Kolumne." Da verstand ich, warum Politiker eitel werden.

Männer machen Umzug

Um der Wahrheit die Ehre zu geben: Nicht immer weiß ich am Anfang einer Kolumne, wie sie endet. Das heißt, ich weiß es schon, wenn ich anfange zu schreiben. Ich habe einen Plan, eine Idee und eine Handvoll Formulierungen im Kopf. Aber oft führt mich dann das Verfolgen einer Idee auf eine ganz andere Fährte. Das ist, wenn man es genau betrachtet, ein ziemlich spannender Vorgang. Denn was ist eine Idee? Offenbar ist sie nichts Fix und Fertiges, sie ist etwas, das sich im Denkprozess verändert, etwas, das wird, nicht etwas, das ist. Das ist weniger banal, als es klingt.

In der Philosophie ist die „Idee" das Absolute, eine Art Urbild, das dann in der Sprache oder in der Wirklichkeit seine mehr oder weniger vollkommene Umsetzung findet. Die „Idee vom Menschen", die „Idee von Gott", die „Idee von Kirche, Politik, Vaterland" – die Idee war immer über jeden Zweifel erhaben. Nur die Wirklichkeit war weit weniger gut, edel, perfekt, schön, groß, was auch immer. Aber das war natürlich die Schuld der Wirklichkeit, nicht der Idee. Na ja, meine kleine Kolumnenerfahrung sagt mir anderes. Eine Idee entsteht bei der Beschäftigung mit der Wirklichkeit. Heinrich von Kleist nannte das „die allmähliche Verfertigung der Gedanken beim Reden" oder „die Idee kommt beim Reden". Ganz so ist es bei mir nun auch wieder nicht. Das klingt nach planlosem Drauflosfabulieren. Aber dass sich die Idee beim Schreiben verändert, das ist so. Jedenfalls bei mir. Und ich bin heilfroh, dass es so ist. Würde man immer ganz genau wissen, welche Werke aus seinen Taten folgen, das Leben und Schreiben wäre bedeutend langweiliger.

Eine der letzten Kolumnen sollte eigentlich diese hier werden: Ich habe den ältesten meiner männlichen Mitbewohner mit einer Handvoll Freunde beim Umzug beobachtet. Und mir fielen ein paar lange an ihm nicht gesehene, im Grunde fremde Wesens-züge auf. Oder vielleicht habe ich ihn nur länger nicht in einer Männergruppe erlebt oder insgesamt zu wenig Vorstellungskraft, wie Männer sind, wenn sie in einer Gruppe arbeiten. Vor allen Dingen aber glaube ich, bestimmte Tätigkeiten, Umzüge gehören dazu, teilen die Geschlechter, stellen so etwas wie Männlichkeit oder Weiblichkeit erst her oder diesen Unterschied drastisch heraus. Von den Sprüchen bis zur Überschätzung der Kräfte, vom Elan bis zur totalen Verausgabung. Darüber nun wollte ich schrei-ben – schon in der letzten Kolumne. Und sie geriet mir unter der Hand zu einer Kolumne über die Sprache, über männliches und weibliches Formulieren und über Finnegans Wake.

Nun nehme ich den zweiten Anlauf und will endlich über Män-ner, die Umzüge machen, schreiben. Und ich wollte kurz, sozusa-gen als Witz, damit beginnen, dass dies nun schon der zweite Anlauf ist. Und schwups wurde es eine Kolumne über die „Idee" und die Verfertigung der Idee beim Schreiben von Kolumnen. Wie binde ich nun beides zusammen? Ich weiß. Ich schreibe über die Idee des Umzugs. Nun klar, die klassische Idee des Umzugs ist es, Möbel, Kisten und Bücher von A nach B zu transportieren. Aber das wäre von oben auf die Sache schauen. Männerschweiß und klaffende Wunden im Unterarm, wenn der Geschirrspüler abrutscht, große Lastwagen fahren und mit Freunden über große Lastwagen reden, planloses Zusammenschmeißen von Rest-gegenständen im Haushalt, rückenversehrte Männer, die mein Klavier die Treppe hochtragen, fluchen, „Absetzen, absetzen" rufen, Frauen für den Kaffee loben – aus Freunden werden Kum-pel. Nein, die Idee des Umzugs ist nicht philosophisch. Die Idee ist, dass Männer ihn machen und sich wie Männer benehmen.

Sag es wie Obama

Es gab Philosophen, Martin Heidegger zum Beispiel, die erklärten, dass man nur auf Griechisch und auf Deutsch wahrhaft tiefe Gedanken haben könne. Hume, Locke, Dante, Kierkegaard, Descartes, Konfuzius, Jesus – alles intellektuelle Leichtgewichte?

„Auf Deutsch kann man nicht singen", hieß es quasi als Rache aus der Pop-Rock-Branche im Gegenzug. Herbert Grönemeyer, Wir sind Helden, Peter Fox oder vielleicht etwas besinnlicher Reinhard Mey oder Franz Schubert – alles musikalische Grobmotoriker?

Arroganz und nationalistische Vorurteile mal beiseitegeschoben, gibt es Interessantes zu berichten von der Sprachenforschung. Sprachen nämlich funktionieren wie kommunizierende Röhren: Ist die eine Sprache grammatisch komplex (wie Deutsch oder Griechisch), ist sie gegenüber anderen zum Beispiel vokabelärmer. Das Englische umfasst fast doppelt so viele Wörter wie das Deutsche. Und ist sie gleichzeitig vokabelarm und grammatisch reduziert, werden komplexe Sachverhalte über Intonation und Rhythmus der Sprache ausgedrückt. Letztlich ist also keine Sprache besser als eine andere, sondern nur anders gut. (Das ist eine schöne Lehre für die Toleranz zwischen Menschen, Völkern und Kulturen insgesamt.)

Speziell über Englisch hab ich mir so einige Gedanken gemacht. Das Vorurteil der Popmusiker hat nämlich einen tatsächlichen Grund. Durch seine spezielle Struktur ist Englisch weniger abstrakt, oder genauer: Es wirkt weniger abstrakt. Schon in Schule und Studium fand ich, dass Sekundärliteratur, also wissenschaftliche Aufsätze über literarische Texte, immer irgendwie unangemessen wirken, oder genauer: un-theoretisch. Selbst der abstrakteste Sachverhalt wird irgendwie bodenständig ausgedrückt. Und in der Primärliteratur ist es noch viel mehr so. Da wird zum Beispiel bei Shakespeare auf den Punkt gesprochen: "A fool thinks himself to be wise, but a wise man knows himself to be a fool." Mein Schamgefühl, über englische Literatur in abgehobenem Deutsch zu sprechen, war eine schwere Hypothek im Studium. Jetzt sehe ich, warum es im englischen Sprachraum nicht die dünkelhafte Unterscheidung zwischen „ernster" und „Unterhaltungsliteratur" gibt, die den deutschen Buchmarkt spaltet. Die Alltagssprache ist zugleich die Kunstsprache.

Und Barack Obamas Rhetorik, die deutsche Politiker jetzt so gerne zu kopieren versuchen würden, ist, obwohl glänzend, gar nicht so anders als die anderer Politiker in den USA oder in Great Britain. Die englische Sprache erlaubt die Reihung ohne Langeweile und das Pathos ohne Schwulst. "On this day, we gather because we have chosen hope over fear, unity of purpose over conflict and discord." Die deutsche Übersetzung muss schon am Anfang stolpern: "We gather" wird zu „Wir versammeln uns" und baut damit ein Reflexivpronomen ein – eben weil das Deutsche reflexiver ist (Heidegger lässt grüßen …).

Allein das Kinderdeutsch schafft manchmal eine englische Direktheit. Neulich hatten meine Kinder Besuch. Handbälle flogen durch die Küche, einer hörte AC/DC (! – ich weiß nicht, woher sie das haben …), zwei stritten sich. Der Besuchsjunge schaute sich das Chaos an und fragte – vielleicht seinerseits leidgeprüft: „Habt ihr keine Schwestern?" Und die Antwort kam Obama-würdig: „Nein, nur eine Mutter."

Dem Tag abgewandt

Einige Worte tragen ihre Poesie in sich. Man braucht nicht viel, eigentlich nur ein bisschen Luft und Artikulation, um sie zum Klingen zu bringen. „Schnee", „Sonne", „Meer", „Abend". Eine kurze Liste, die man beliebig fortsetzen könnte. Sie alle – ob kurze Liste oder lange – haben eines gemeinsam: ihre Naturabhängigkeit. Offenbar beschreiben wir Menschen uns, unser Leben und unseren Gefühlszustand gern mit Referenzen zur Natur.

Literaturgeschichtlich gesehen kann man darüber viele gelehrte Bücher schreiben. Es war nämlich nicht immer so, sondern die Natur wurde entdeckt. Genau in dem Moment, in dem das Mittelalter aufhörte, Mittelalter zu sein, und die Moderne, zugegeben, die ganz frühe Moderne, begann. Und Moderne, das heißt ja vor allen Dingen, dass Gewissheiten brüchig werden, dass alles hinterfragt werden kann, dass keine Ordnung oder Hierarchie unumstößlich ist.

Vielleicht ist das eine der einfachsten Erklärungen für die Bedeutung der Natur als Metapher für unser Leben. Wenn alle irdischen Gewissheiten wanken, dann braucht es vielleicht umso mehr eine Größe als Bezug, die außerhalb des Menschlichen steht. Wenn der Himmel leer ist, weil er nur als Atmosphäre beschrieben werden kann und nicht als Wohnsitz der Götter, dann taugt er wunderbar als Wunschraum für Verliebte.

Es wäre spannend, einmal nachzuforschen, ob die Naturbezüge in der Literatur in dem Maße zunehmen, in dem die gesellschaftlichen Krisen sich verstärken, also zum Beispiel die Romantik mit ihrer Blaue-Blumen-Sprache als Folge der Französischen Revolution. Und dann könnte man schauen, mit welchen Bildern wir unsere Welt heute beschreiben, und daraufhin auf den Zustand der zeitgenössischen Moderne schließen. Denn die Naturmetaphern konkurrieren offensichtlich mit anderen. Die Gesellschaft als Schiff, inklusive dem Kapitän, der von Bord geht, und dem Boot, das für Flüchtlinge (die zynischerweise tatsächlich in Booten ankommen) zu voll ist. Die Welt als Nussschale, als Nachen. All das wäre spannend, und man könnte es tun. Aber nicht hier und jetzt. Hier will ich den Spieß umdrehen und nicht von der Bedeutung der Sprache auf die Wirklichkeit der Welt schließen, sondern umgekehrt.

Eine der meistgebrauchten Metaphern ist die „Nacht". Mit ihr verbinden sich Todessehnsucht, ewiger Schlaf, Dunkelheit, Einsamkeit. Die Nacht ist die Zeit der Geheimnisse, des verborgenen Tuns, in der Nacht sind alle Katzen grau, und die Nacht aller Nächte ist die heilige Nacht, in der die Dunkelheit am tiefsten und längsten ist. Aber für mich hat sich das verändert. Für mich gehört seit diesem Sommer die Nacht nicht mehr zu Winter, Tod und Einsamkeit. Für mich ist die Nacht die Zeit, in der Menschen zusammenkommen, in Cafés sitzen oder sich in Gärten oder auf Balkonen treffen. Tagsüber sitzt jeder für sich allein im Büro oder sonstwo am Schreibtisch. Nachts findet Gesellschaft statt. Da weht das Lachen von Liebenden aus offenen Fenstern. Nichts ist geheim. Da lädt man sich auf eine Weinschorle von Haus zu Haus ein, in der Nacht kommt das Public Viewing zu seiner wahren Bedeutung.

Nachts sind wir raus bis ans Wasser gewandert. Dunkel war es nicht. Obwohl schon nach elf, war der Himmel noch immer türkis. Und am Meer – dem großen Ort, an dem jeder allein ist, zumal in der Nacht – saßen die Menschen und badeten. Und doch war es in dieser Nacht und in all den anderen Nächten dieses Sommers anders als zum Beispiel tagsüber am Strand. Man war ruhig und wurde in Ruhe gelassen. Und in dieser Ruhe war man sich einig.

Wenn also die Nacht irgendetwas bedeutet, dann dass die Menschen anders, verändert, zusammenkommen. Und beides gefällt mir. Das Veränderte und das Zusammenkommen.

Impressum

Bibliografische Information der Deutschen Nationalbibliothek
Die Deutsche Nationalbibliothek verzeichnet diese Publikation
in der Deutschen Nationalbibliografie; detaillierte bibliografische Daten sind im Internet über http://dnb.d-nb.de abrufbar.

ISBN 978-3-8319-0427-3

© Ellert & Richter Verlag GmbH, Hamburg 2010

Text: Andrea Paluch, Flensburg
Foto: Holde Schneider/Visum, Hamburg
Gestaltung: Büro Brückner + Partner, Bremen
Gesamtherstellung: CPI books GmbH, Leck
www.ellert-richter.de